# LES MARGUERITES
# DE LA MARGUERITE
### DES PRINCESSES

TOME IV
ET DERNIER

PARIS
*Cabinet du Bibliophile*

M DCCC LXXIII

# LES MARGUERITES
# DE LA MARGUERITE
### DES PRINCESSES

*CABINET DU BIBLIOPHILE*

N° XVI

TOME QUATRIÈME
et dernier

LES QUATRE DAMES ET LES QUATRE GENTILZHOMMES,
COMEDIE — FARCE DE TROP, PROU,
PEU, MOINS — LA COCHE — PIÈCES DIVERSES

## TIRAGE.

400 exemplaires sur papier vergé (n⁰ˢ 33 à 432).
15 » sur papier de Chine (n⁰ˢ 3 à 17).
15 » sur papier Whatman (n⁰ˢ 18 à 32).
2 » sur parchemin (n⁰ˢ 1 à 2).

432 exemplaires numérotés.

*Il a été fait en outre un tirage sur grand papier, ainsi composé :*

120 exemplaires sur papier vergé (n⁰ˢ 31 à 150).
15 » sur papier de Chine (n⁰ˢ 1 à 15).
15 » sur papier Whatman (n⁰ˢ 16 à 30).

150 exemplaires numérotés.

# LES MARGUERITES

DE

# LA MARGUERITE

### DES PRINCESSES

TEXTE DE L'ÉDITION DE 1547

*Publié avec Introduction, Notes et Glossaire*

PAR

FÉLIX FRANK

ET ACCOMPAGNÉ DE LA REPRODUCTION
DES GRAVURES SUR BOIS DE L'ORIGINAL ET D'UN PORTRAIT
DE MARGUERITE DE NAVARRE

PARIS
*LIBRAIRIE DES BIBLIOPHILES*
RUE SAINT-HONORÉ, 338

—

M DCCC LXXIII

# LES QUATRE DAMES

ET

## LES QUATRE GENTILZHOMMES

---

### LA PREMIERE DAME

Est *il ennuy qui soit au mien semblable?*
*Est il travail si fort intolerable,*
*Comme celuy que je trouve importable*
    *Par fascherie?*
*Je le devois bien prendre à moquerie,*
*Car ce n'est rien dont un chacun ne rie;*
*Mais j'en suis tant et despite et marrie*
    *Que plus ne puis.*
*Aymer ne veux, et trop aymée suis;*
*Cerchée suis de celuy que je fuys;*
*Tant que souvent je fais fermer mon huys*

## LA PREMIERE DAME.

      *Pour ne le voir.*
O trop aymant plus que vostre devoir,
Vueillez bien tost à vostre cas pourvoir,
Ou vous pourrez trop de malheur avoir
      *En poursuyvant*
Ce qui en fin se convertit en vent.
Vous estez tant et honneste et sçavant,
Beau et parfait (je diray plus avant),
      *Qu'onques ne vis*
Sy bonne grace, au moins à mon advis,
Ny un parler de sy plaisant devis,
Tant que souvent, quand sommes viz à viz
      *L'heure se passe*
Sans la sentir; ny onques ne fuz lasse
De vous ouyr : car vostre parler passe
Tous ceux qui ont jamais eu bonne grace.
      *Et si possible*
M'estoit d'aymer le bien tant indicible
Qu'en vous je voy, voire incomprehensible,
Convertirois mon dur cœur invisible
      *A vous aymer,*
Et ne craindrois que mal m'en sçeust blasmer.
Mais je ne veux point nager en la Mer
Tant perilleuse, et où tant a d'amer,
      *Et rien de doux,*
Et où je voy perir à tous les coups
Les bons espritz tourner dessus dessoubz,

*Et devenir les sages pis que foulz.*
        *Bref, c'est un pas*
*Que je congnois et où je n'iray pas,*
*Sachant tresbien que tous les doux appas*
*Que l'on y voit sont dangereux repas :*
        *Je n'en veux point.*
*Mon cœur sera libre, voilà le poinct.*
*Si vous errez (et Dieu vous le pardoint),*
*Mieux vous vaudroit tout nud ou en pourpoint*
        *Mourir de faim,*
*Que de languir si beau, si fort, si sain*
*De biens, d'honneur et de plaisir tout plein,*
*Sans avoir mal, fors que dessoubz le sein*
        *Le cœur vous bat;*
*Mais en fault il faire un si grand sabat?*
*Vous le devriez prendre pour un esbat;*
*Et l'on diroit que la Mort vous combat,*
        *Veu le visage*
*Que vous portez, qui est d'homme peu sage,*
*Ou tout au vif de Desespoir l'image;*
*Car vous perdez contenance et langage,*
        *Grace et propoz,*
*Et moy aussi tout plaisir et repos.*
*Quand j'apperçoy vie, couleur et poulx,*
*Joye et santé pour moy faillir en vous;*
        *O malheureuse,*
*La cause en suis : qui me rend doloureuse*

*Dont vous menez vie si langoureuse,*
*Et si ne puys de vous estre amoureuse.*
   *Non que trop mieux*
*Ne le vallez qu'un million de lieux,*
*Qui sont aymez des Dames en maintz lieux,*
*Car je n'en voy un seul dessoubs les cieux*
   *En qui je pense*
*Plus de vertu, d'amour et d'asseurance;*
*Mais j'entens bien que la fin de la dance*
*De cest amour n'est rien que repentance,*
   *Ou temps perdu.*
*J'aymerois mieux que mon cœur fust pendu*
*Qu'aucunement à aymer fust rendu,*
*Car il s'en est trop long temps defendu*
   *Et bien gardé*
*Des yeux qui ont doucement regardé,*
*Et d'un parler gracieux et fardé;*
*Pour eux ne s'est folement hazardé*
   *Ne laissé prendre.*
*Vous perdez donc vostre temps d'entreprendre*
*De me cuyder à bien aymer apprendre,*
*Car maintenant j'en serois à reprendre :*
   *Il est trop tard.*
*Las, j'ay congnu d'aymer sy tresbien l'art,*
*Que desormais j'en veux quiter ma part,*
*Et vivre seule en liberté à part,*
   *Vous advisant*

*Qu'il vous seroit plus honneste et duisant*
*D'en aymer une où un propos plaisant*
*Puissiez trouver, qu'ainsi vous abusant*
   *De tant cercher*
*Ce dont plus près ne povez approcher.*
*Et, congnoissant qu'il vous coustera cher,*
*Je ne crains point maintenant vous fascher,*
   *A celle fin*
*Qu'en vous monstrant sy dangereu sefin,*
*Vous ne preniez pour amy ny affin*
*Amour qui est pour tous Amans trop fin.*
   *Car je n'auray*
*Jamais repos, tant que je penseray*
*Qu'en vostre cœur trop aymée seray.*
*Plus volontiers ma vie laisseray*
   *Que de sçavoir*
*Et par effect au vray appercevoir*
*Dens vostre cœur tant de mal recevoir,*
*Que je n'y puis, ny vous aussi, pourvoir*
   *Sans fiction.*
*Bien que d'aymer ne sente passion,*
*Si ay je tant de vous compassion,*
*Que je n'ay bien ny consolation*
   *Que de penser*
*De vous oster (par souvent vous tenser)*
*Ce fol Amour qui vous fait insenser,*
*Ou bien ma mort par ennuy avancer :*

   Car mieux me duist
De voir mon corps tout en cendre reduit,
Et que soyez en liberté conduit,
Que, luy vivant, de luy soyez seduit.
   Car endurer
Je ne puis plus de vous voir tant durer
En cest amour, dont bien vous puis jurer
Que sans cesser desire procurer
   La delivrance,
Soit pour fuyr tousjours vostre presence,
Ou m'efforcer de faire contenance,
Pour vous oster de moy toute esperance.
   Je me complains,
Car je ne puis ainsi comme je feins
Vous vouloir mal. Vos souspirs et vos plaings,
Que je congnois d'extreme amour si plains,
   Me font mourir.
Et si par mort je vous povois guerir,
Vous m'y verriez de tresbon cœur courir.
Las, autrement ne vous puis secourir ;
   Car plus je veux
Vous appaiser, quand nous parlons nous deux,
Plus je vous voy engendrer souspirs neufz,
Et renouer de vostre amour les nœuz.
   Quel desplaisir !
Je ne puis nul en ce monde choisir
A qui parler tant aymasse à loisir,

*Et il me fault, maugré tout mon desir,*
            *Vous estranger*
*Et vous traiter trop pis qu'un estranger,*
*En esperant vostre propos changer*
*Et à la fin à raison vous renger*
            *D'amour commun,*
*Laissant celuy qui est trop importun,*
*Duquel jamais n'en vis eschapper un*
*Sage et content. Et toutesfois chacun*
            *S'en veult mesler.*
*Mais pour le mieux je vous conseille aller*
*Autre chemin, et plus ne me parler*
*De ce que tant m'avez voulu celer;*
            *Et vous en prie,*
*Vous asseurant qu'onc ne seray marrie*
*Qu'autre que moy ayt sur vous seigneurie,*
*Par qui sera vostre douleur guarie.*
            *Car, par ma foy,*
*Vous ne povez avoir secours de moy :*
*Trop peu j'estime et Amour et sa Loy.*
*Mais si long temps en ce propos vous voy,*
            *Vous en mourrez,*
*Et de ma mort la cause vous serez.*
*Retirez vous, car rien n'y gaignerez,*
*Fors que l'ennuy que vous me causerez.*
            *Allez ailleurs :*
*Dix mille endroitz vous trouverez meilleurs,*

Où tout soudain convertirez voz pleurs
En passe temps, et changerez en fleurs
    Le faix d'espines
Que vous portez, que je croy des plus fines
Qu'on voye point, le jugeant par voz mines
Où de douleur l'on voit apparens signes.
    Or donc aymez
En autre lieu, et point ne me blasmez
Si je ne veux que dame me clamez,
Assez de cœurs trouverez affamez
    De vostre amour.
Vous valez bien d'avoir de jour en jour
D'une bien sage un tresgratieux tour.
Ne face plus vostre cœur de sejour
    En mon endroit,
Où tout son temps et sa peine perdroit,
Et à la fin congnoistre il luy faudroit
Que mieux mourir que tant aymer vaudroit.
    J'ay repentance
Dont premier prins à vous la congnoissance
Cuydant avoir une bonne acointance,
De vous hanter, ne pensant que puissance
    Amour eust telle
Que faire peust saillir une estincelle
Pour vous brusler du visage de celle
Qui grace n'eut, ny onques ne fut belle.
    Mais c'est malheur

*Qui plus vous feit estimer ma valeur*
*Qu'elle ne vault, ignorant ma couleur,*
*Dont vous portez si extreme douleur.*
  *Las, qui vous feit*
*Tant m'estimer que du tout desconfit*
*Fut vostre sang en amour trop confit,*
*Veu que souvent vous dis que nul proufit*
  *A me querir*
*Homme n'avoit onques sceu acquerir,*
*Et que voulois en liberté mourir?*
*Mais toutesfois vous vouliez requerir*
  *De m'estre amy,*
*Non un amy amoureux ennemy,*
*Mais tel amy qu'on voit le cœur parmy*
*Du tout ouvert, sans peché ne demy,*
  *En qui fiance*
*Je peusse avoir sans craindre conscience.*
*Promis l'avez : j'y ay prins confiance,*
*Dont maintenant je pers ma patience,*
  *Car je voy bien*
*Que ne tenez de voz promesses rien.*
*Las, vous m'aymez d'un amour sans moyen :*
*Parquoy de vous je quitte l'entretien,*
  *L'affection,*
*Et la parole, et frequentation,*
*Où j'ay tant prins de consolation.*
*J'en ayme mieux la separation,*

*Puis que tenez*
L'opinion que de moy n'apprenez
De trop aymer. Or vous entretenez
Donques tout seul; plus à moy ne venez
    *Pour esjouyr*
Vostre esperit, cuydant tousjours jouyr
Et de ma veue, et mon parler ouyr.
Car je ne veux plus faire que fouyr
    *L'occasion*
Qui cause en vous si fole intention,
Que si bien tost n'y voy mutation,
Vous en perdrez toute possession.
    *De plus venir*
Là où je suis ny de m'entretenir
Je vous requiers vous vouloir souvenir,
Pour vivre en paix, de plus ne retenir
    *En vostre cœur*
Ceste poison de trop douce liqueur;
Mais soyez en par grand vertu vainqueur,
Et j'en auray plaisir et vous honneur.
    *Si ne peult estre*
Comme je dis, et que ne soyez maistre
De vostre cœur, or le laissez donc paistre
Où il vouldra, ou de corde ou chevestre
    *Faire un licol*
Et s'estrangler hault pendu par le col,
Monstrant qu'un cœur effeminé et mol

Par trop aymer vous contraint d'estre fol.
   Mieux vault parfaire
Vostre malheur, que de tant contrefaire
Le malheureux, et vostre douleur taire,
En ne povant à vous, ny autruy plaire.
   J'en parle hault,
Car, en voyant que la raison vous fault,
Je voudrois bien amender le default
Que j'y congnois; mais s'il ne vous en chault,
   Je n'en puis mais.
Or n'esperez de me voir desormais :
Car, pour la fin, je vous jure et prometz
Qu'autre que vous je n'aymeray jamais.

## LA SECONDE DAME

Las, oseray je ou escrire ou parler
Du grand ennuy que tant je veux celer?
Se fera il par force reveler?
    Veult il contraindre
(Maugré mes dentz) non seulement le plaindre
Ne le souspir de mon cœur, mais sans craindre
Sur ce papier ma main craintive paindre
    Mon piteux cas?
Le diray je? je ne le diray pas.
Si je le tais, j'avance mon trespas,
Où ma douleur me conduit à grand pas.
    O quelle esprainte
Ay dens mon cœur, où douleur est emprainte
Par estre trop de plaisir et de crainte
En presse mise, où mainte dure estrainte
    Luy fault porter!
Desir voudroit, pour la reconforter,
Tout son malheur redire et rapporter;
Mais crainte dit qu'il convient supporter

## LA SECONDE DAME.

   *Jusques au bout*
*Sans dire rien, ne partie, ne tout.*
*En son parler je trouve peu de goust,*
*Car le celer me poise et grefve moult.*
   *Je creveray*
*Si je me tais : or sus, je le diray.*
*Mais par douleur pourtant ne mentiray,*
*Ne point à moy faveur ne porteray,*
   *Car seule suis*
*Cause du mal que taire je ne puis,*
*Qui de mon cœur m'a contrainte ouvrir l'huys,*
*Et mes deux yeux pour en faire conduiz*
   *A devaller*
*En moy l'Amour tant dure à avaller,*
*Que garde n'a jamais de s'en aller,*
*Dont maintz souspirs j'en sacrifie en l'air*
   *De larmes plains,*
*Dont le Ciel est et de criz et de plaintz*
*Du tout remply ; tant que montz et lieux plains*
*Me respondans disent : Tu te complains*
   *A grand raison.*
*O peu d'Amour, ô faulse trahison,*
*O grand douceur, mais plus tost grand poison!*
*O cruauté qui en toute saison*
   *Toute autre passe!*
*O par trop douce et simulée grace,*
*O regard feint, ô cœur plein de fallace,*

*Parole aussi qui de mentir n'est lasse !*
   *Vous avez tort*
*D'une tromper qui vous ayme si fort.*
*Voilà comment Terre et Ciel font effort*
*De me donner un peu de reconfort.*
   *Car bien entendent*
*Mon piteux cas, dont secours ilz attendent*
*De Dieu, à qui seul pour moy le demandent.*
*Prier pour moy sans cesser ilz pretendent.*
   *O Terre et Cieux,*
*Ne soyez point de moy si soucieux,*
*Ne de punir mon amy envieux :*
*Plus me seroit son ennuy ennuyeux*
   *A soustenir*
*Que tout le mal qui me sçauroit venir.*
*Helas, mon Dieu, ne le vueillez punir,*
*Et mettez hors de vostre souvenir*
   *Sa faulseté.*
*Soyez luy doux, ainsi qu'avez esté*
*Au faux Judas plein de meschanceté :*
*Car s'il falloit de sa grand lascheté*
   *Qu'il fust memoire,*
*J'aymerois mieux la honte pour luy boire*
*Que de souffrir que l'on en sceust l'histoire,*
*Bien que ce fust à mon honneur et gloire.*
   *Mais quel honneur*
*Seroit ce à moy d'avoir laissé mon cœur*

*Si longuement tant aymer un trompeur,*
*Et que l'on dist : c'est un parfait menteur?*
*Car en deux lieux*
*A departy et le cœur et les yeux ;*
*Ses propos sont à une Dame tieux*
*Comme il les tient, à l'autre disant mieux.*
*Dissimuler*
*Je ne sçaurois l'amour que veux celer,*
*Que de souvent parler, danser, baller,*
*A ceste là pour sy bien egaler*
*Ma contenance*
*Que jamais nul n'en ayt la congnoissance.*
*Las, ce ne m'est petite penitence*
*Parler à l'une et qu'à l'autre je pense !*
*C'est bien un bruit*
*Qu'il vaudroit mieux estre pour luy destruit,*
*Que tout le Monde en fust au vray instruit :*
*L'on congnoistroit l'arbre, par un tel fruit,*
*Rien ne valoir.*
*Je vous requiers, Terre et Ciel, ne vouloir*
*De mon Amy pour moy tant vous douloir.*
*J'ayme bien mieux du tout à nonchaloir,*
*Et dehors mise*
*Estre du cœur où cuydois estre assise ;*
*Et par amour tresferme à jamais prise,*
*Ne declarer à nully sa feintise,*
*Fors seulement*

*Entre nous deux, mais tant secrettement*
*Qu'autre n'en ayt jamais nul sentement.*
*Ce me sera un grand contentement*
  *Que nul ne sache*
*(Fors vous et moy) que, dens un corps sans tache*
*De vice nul, y ayt un cœur si lasche*
*Qui du mien est perpetuelle attache :*
  *Car repentir*
*Je ne me puys, ny jamais consentir*
*De son amour m'oster ne departir.*
*Et plus je voy qu'il ne fait que mentir,*
  *Plus verité*
*Me fait monstrer extreme Charité,*
*Et vraye amour pleine de purité*
*N'avoir ne fin ne terme limité,*
  *Car tousjours dure :*
*Et plus de mal et de peine elle endure,*
*Et plus la Foy se congnoit ferme et dure.*
*L'Amour que j'ay est de ceste nature,*
  *Dont esperer*
*Je ne pourrois jamais me retirer,*
*Ny autre part encores moins tirer.*
*Il me plaist mieux me laisser martyrer*
  *D'ingratitude,*
*Vivant à part seule et en solitude,*
*Laissant à luy la grand solicitude*
*D'en servir deux ou une multitude,*

## LA SECONDE DAME.

*Que de faillir*
*A bien aymer, ny jamais hors saillir*
*De son amour, ne pour voir defaillir*
*La sienne en moy, ne pour voir m'assaillir*
  *De tous costez*
*Des maux qui plus doivent estre doutez,*
*Qui sans cesser me tentent (n'en doutez)*
*De plus n'aymer; mais peu sont escoutez.*
  *O Ciel et Terre,*
*Qui soustenez et qui couvrez ma guerre,*
*Vous me voyez en grand espace en serre;*
*Voudriez vous point m'envoyer un tonnerre,*
  *Pour abbreger*
*Mes jours mauvais et mon cœur soulager?*
*Ou vous ouvrir, Terre, pour me loger*
*Au plus profond, m'ostant hors du danger*
  *De desespoir,*
*Qui fait sy fort envers moy son devoir*
*Que, si la mort ne me faites avoir,*
*Par luy au moins la pourray recevoir?*
  *Car il me dit :*
*N'est pas ton cœur malheureux et maudit,*
*Et de tous biens digne d'estre interdit,*
*D'avoir sa Foy, son amour et credit*
  *En un seul mis,*
*Qui est le chef de tous tes ennemys?*
*Car à servir une autre il s'est soubmis,*

*A laquelle a, ainsy qu'à toy, promis*
            *Garder la Foy,*
*Et envers elle il observe la Loy*
*De vray amour ainsi qu'il fait à toy :*
*Il vous voudroit bien toutes deux pour soy.*
            *L'autre à loisir*
*Entretenir est tousjours son desir,*
*Ainsy que toy, et y prend tel plaisir ;*
*Mais il ne sçait laquelle il doit choisir.*
            *Il ayme l'une*
*Pour son plaisir, l'autre pour sa fortune,*
*L'heure cerchant pour les voir oportune.*
*Et si promet et bien jure à chacune*
            *Qu'il n'ayme qu'elle,*
*Et qu'elle est plus cent fois que l'autre belle ;*
*Mais qu'il lui fault faire apparence telle,*
*A fin que mieux sa grande amytié cele.*
            *A l'autre autant*
*Il va disant, et qu'il est mal content*
*Quand il luy fault à celle parler tant,*
*De qui nul bien ne plaisir ne pretend.*
            *Ainsi pourmeine*
*L'amour en deux. Et toy, sotte, il te meine*
*Ainsi qu'il veult, et, de teste bien saine*
*Te va jurant que pour toy meurt de peine.*
            *C'est ta folie*
*Que tu le crois ; et son parler te lie,*

*Qui cause en toy tant de melancolie.*
*Finer la fault, ou prens une poulie*
  *Et te va pendre :*
*Mieux vault finer ton malheur par la cendre*
*Que le porter, veu que ne peux desprendre*
*Ton cœur de luy, ne luy ton amour rendre.*
  *Veux tu languir*
*Tousjours l'aymant, et ceste amour nourrir*
*De ferme Foy, qui vous fera perir ?*
*Croy mon conseil : il te vault mieux mourir*
  *Soudainement*
*Pour mettre fin à ce cruel tourment ;*
*Car aussi bien es tu morte forment,*
*Perdu as tu sens et entendement ;*
  *Il s'en fault peu*
*Que du tout rien ne soye : prens le feu,*
*Et l'allumant si te metz au mylieu :*
*Auprès du tien, ce ne sera qu'un jeu.*
  *Or sus, bon cœur !*
*Tu as perdu santé, force et couleur,*
*Entendement, raison, desir et peur :*
*A tout le moins sauve donc ton honneur*
  *Par mort cruelle,*
*Qui te sera plus douce et moins rebelle*
*Que la douleur qui est continuelle.*
*Voilà le chant et piteuse nouvelle*
  *Que sans cesser*

*Mon desespoir, qui ne me veult laisser,*
*Me vient chanter pour tousjours me presser*
*De mon trespas par sa main avancer.*
    *Mais je n'ay garde :*
*Car à mon Dieu incessamment regarde,*
*Qui en sa main et en sa sauvegarde*
*Ma vie tient; et combien qu'il me tarde*
    *Que ristement*
*N'y roy la fin, si n'ay je nullement*
*Deliberé d'y mettre avancement,*
*Mais j'attendray l'heure patiemment*
    *Du Createur,*
*Qu'il luy plaira du corps de pesanteur*
*Me delivrer; car il en est autheur,*
*Defaire peult ce dont il est facteur.*
    *Mon Dieu, helas !*
*Ce qu'il vous plaist, ne le faites vous pas ?*
*Vous estes hault, et regardez en bas,*
*Et gouvernez le Monde par compas.*
    *Qu'avez vous fait?*
*Vous avez mis en un corps sy parfait*
*Un double cœur ; c'est un Monstre, en efect,*
*Un corps ayant deux cœurs est contrefait.*
    *Mais d'avantage*
*Un cœur qui doit n'avoir rien qu'un courage,*
*Quand il se fait de deux volontez cage,*
*Plus monstrueux il est que nulle Image.*

## LA SECONDE DAME.

*Celuy est tel*
*Duquel sans fin je porte dueil mortel.*
*Si je povois, offrant sus vostre autel*
*Tout ce que j'ay, ame, et corps, et chastel,*
  *Tant vous gaigner*
*Que vousissiez autrement besongner,*
*En refaisant ce cœur qui trop baigner*
*Me fait en pleurs, certes rien espargner*
  *Je n'y voudrois.*
*Helas, que tant heureuse je serois!*
*S'il estoit bon, ô que je l'aymerois!*
*Jamais, jamais je ne le laisserois.*
  *Mais d'un tel bien*
*L'espoir me fault : je n'y voy nul moyen,*
*Car, maugré moy, pour moy ne vaudra rien.*
*Je pourrois bien quitter tout son lyen*
  *Pour un bon double.*
*Or bien, mon Dieu, son cœur demourra double,*
*Le mien entier, sans en aymer un couple.*
*Ma clerc Foy ne sera jamais trouble,*
  *Plustost mourray*
*Par ferme amour, laquelle porteray*
*Jusques à ce qu'en la terre seray.*
*A luy jamais ma douleur ne diray.*
  *Ce m'est assez*
*Que devant vous, qui tous noz sens passez,*
*Monstre les maux dont j'ay trop plus qu'assez.*

*Mais quand au rang des povres trespassez*
   *J'auray prins place,*
*Je vous supplye me faire ceste grace*
*Que mon amy quelque fois par là passe.*
*Las ! il aura le cœur plus froid que glace,*
   *Si d'aventure*
*Quelqu'un luy dit : « Voila la sepulture*
*De celle là qui d'Amour ferme et pure*
*Vous a aymé sur toute creature »*
   *S'il ne s'arreste*
*A regarder la portraiture honneste,*
*Portant le dueil du pied jusqu'à la teste,*
*Et que son œil à plorer ne s'appreste;*
   *Et si nature*
*En luy tient riens de bonté ou droiture,*
*Je vous supply qu'il lise l'escriture,*
*Qui luy fera mieux que moy la lecture,*
   *Sans fiction,*
*De ma piteuse et dure passion*
*Et de sa faulse et double intention.*
*Lors il lira, non sans compassion:*
   *« Cy assommée*
*(Non de la mort) gist, d'ennuy consommée,*
*La plus aymant qui onques fut nommée,*
*Par trop aymer et trop peu estre aymée. »*

## LA TROISIEME DAME

Je sents pour moy la douleur si tres forte,
Que je puys bien sans doute ouvrir la porte
A ma douleur, ne craingnant qu'elle sorte
      Sus ce papier
Pour demonstrer mon mal, non tout entier,
Mais tout autant comme il en est mestier,
En esperant si je puis chastier
      Par escriture
Ceste trop faulse et meschante nature
Que souspeçon engendre d'Amour pure,
Dont le tourment si longuement me dure
      Que plus avant
Je ne la puys porter; car trop souvent
Mise elle m'est, et sans cause, au devant.
Las, ce ne sont peines qui par le vent
      Puissent voler.
Peines ce sont qui se veulent celer,
Et dens mon cœur attacher et coller,
Disant que plus ne s'en veulent aller.

> *Ilz mentiront :*

Car maintenant par force sortiront,
Et ma douleur et mes ennuyz diront,
Et tous bons cœurs ilz en advertiront,
> Qui pour le moins,

En congnoissant le mal que je ne feintz,
Me diront digne entre Martyrs et Saintz,
Par les ennuys dont sy peu je me plains,
> D'avoir la place.

Or donc, Amy tant plein de bonne grace,
De grand douceur et d'honorable audace,
D'honneur, vertu, et qui tous autres passe
> Sans fiction

(Selon mon gré et mon affection),
Escoutez moy, voyez ma passion ;
Vous en aurez honte ou compassion :
> Honte, sachant

Que je n'ay point le cœur si tresmeschant
Qu'en tant d'endroitz le vueille aller laschant ;
Car nul qui soit sus la terre marchant
> Je ne puys craindre,

Tant ayt il sceu mon serviteur se feindre,
Ny bien parler, ny asprement se plaindre,
Qu'il ayt jamais à mon cœur sceu atteindre,
> Ny à l'Amour,

Que j'ay à vous fait un seul mauvais tour.
Car qui d'aymer m'a parlé un seul jour

## LA TROISIEME DAME.

Le lendemain n'a pas fait long sejour
   Aupres de moy.
A vous, sans plus, j'ay observé ma Foy,
Je n'ay rompu d'amitié nulle Loy;
Mais mon malheur est tel, comme je voy,
   Que le contraire
Vous en pensez; et que je veux distraire
De vous mon cœur pour ailleurs le retraire.
Las, qui vous fait dedens le vostre attraire
   Tel pensement,
Que verité incessamment dement?
Vous sçavez bien qu'il en va autrement,
Si vous usez de juste jugement.
   Ou si par honte,
A dire vray, que devant vous j'affronte,
Le souspeçon que vous avez ne domte,
A tout le moins que la pitié surmonte
   La fantasie,
Qui bien pourroit se nommer frenesie,
Que vous prenez par une jalousie,
Sans que raison la vous ayt point choisie.
   Car sans raison,
Sans apparence et tout hors de saison,
Vous seul avez allumé ce tyson
En m'accusant de si grand' trahison,
   Et si vilaine,
Que j'en mourrois soudainement de peine

*Si ce n'estoit que je suis bien certaine*
*De n'estre point celle qui deux en meine.*
   *Et toutesfois*
*Vous le pensez, mais pas je ne le fois.*
*N'avez vous veu onc Sangler aux abbois*
*Tuer les chiens, puis courir par les bois*
   *Sans estre prins ?*
*Sera de vous donques mon cœur reprins,*
*Si de tous ceux qu'il a congnu surpris*
*De son amour, les a mis à despris,*
   *Gardant à vous*
*Seul ce que j'ay refusé à trestous ?*
*Dieu souffre bien mains jointes à genoux*
*D'estre prié de ceux qu'à tous les coups*
   *Veult refuser.*
*Puis je garder un musart de muser ?*
*Puis je garder quelqu'un de s'abuser ?*
*Non ! mais tresbien je me veux excuser*
   *Que je n'ay veu*
*Nul qui m'aymast, si je l'ay apperceu*
*Et son désir par œil ou parler sceu,*
*Qui ayt jamais de moy esté receu*
   *Pour serviteur.*
*Je n'ay qu'un corps, aussi je n'ay qu'un cœur ;*
*Je n'ay qu'un Dieu, qu'une Foy, qu'un honneur.*
*J'adore Dieu comme mon createur.*
   *Si je l'offense*

*Il m'en desplaist et j'en ay repentance;*
*Mais toutesfois offenser ne le pense*
*En nostre amour et honneste acointance,*
      *Fors seulement*
*Qu'en vous j'ay trop mis mon entendement,*
*Que mon honneur blessé n'est nullement*
*Pour vous aymer; car si honnestement*
      *M'y suis conduite*
*Que je n'ay point de vous esté seduite.*
*Aymé vous ay, non par vostre poursuyte,*
*Mais seulement de vray amour induite.*
      *Mon cœur aussi*
*N'a eu en luy d'en aymer deux le Si.*
*J'aymerois mieux qu'il fust par mort transi.*
*A tous le* NON; *à vous tout seul le* SI
      *Est reservé.*
*C'est un* OUY *auquel j'ay observé*
*La Loy d'Amour et l'honneur conservé,*
*Qui a esté selon Dieu preservé*
      *De toute tache.*
*Et à ce cœur dont le vostre se fasche,*
*Comme je croy, voulez vous mettre attache*
*Par souspeçon d'estre meschant et lasche?*
      *Il ne l'est point.*
*Il est à Dieu et à son honneur joint,*
*Puis par amour à vous: voilà le poinct.*
*Un mal y a (et Dieu le me pardoint),*

C'est que trop fort
J'ayme celuy qui me tient si grand tort,
Que bien souvent me donnerois la mort,
Sinon qu'avant d'un si meschant rapport,
  Que l'on a fait,
Je voudrois bien vous monstrer par effect
Tout le rebours; lors congnoistriez par fait,
Juste et loyal, naïf, non contrefait,
  Ce povre cœur
Souspeçonné à trop grand tort d'erreur,
Et tell' erreur que seulement horreur
J'ay de penser. O cruelle rigueur !
  Une amour telle
Sans prendre fin, entiere et immortelle,
L'estimez vous au reng estre de celle
Qui ne vault rien? Devant Dieu j'en appelle.
  O verité,
Venez icy soustenir Charité.
Devant mon Dieu monstrez la purité
De mon amour, car sa severité
  Je ne crains rien.
Helas ! amy tout seul, pensez vous bien
Qu'autre que vous je peusse souffrir mien?
Impossible est, ne pour quelque moyen,
  Qu'il sceust tenir.
Que diroit l'on qui vous verroit venir
Seul devers moy, et seul m'entretenir?

Chacun pourroit bien dire et soustenir
   Cestuy là est ce
Son seul amy? et celle est sa maistresse,
Car elle fuyt de tous autres la presse;
L'on congnoit bien qu'amour les tient en lesse.
   Lors esventée
Seroit l'amour, et criée, et chantée,
Qui dens noz cœurs est par honneur plantée
Secretement, et tousjours augmentée
   Par la vertu
Dont je vous voy plus qu'autre revestu.
Mais souspeçon vous a tant combatu
Que, regardant seulement un festu
   Estre enflammé
Du feu sans plus par le vostre allumé,
Dont le mien n'est moindre, ne consommé,
Vous avez dit : ce festu est aymé.
   Aymé? hélas!
Aymé de moy, qui à moy ne suis pas !
J'ay mis mon cœur et vouloir en vos lacz,
Tant que ne puis sans vous faire un seul pas
   Ny riens vouloir.
Aymer! las, non, je n'ay pas le povoir,
Non de l'aymer, mais de l'ouyr et voir,
Sinon pensant faire mieux mon devoir
   En vostre endroit.
Comment l'amour que trop mon cœur craindroit

Que l'on congnust, car mieux mourir vaudroit
Que la monstrer? Helas! j'ay sy bon droit,
  Et tout le tort
Vous me donnez, à moy qui sy tresfort,
Sy loyaument vous ay aymé. Au fort,
J'espere en Dieu de faire tel effort,
  Et telle espreuve,
Que vous serez contraint dire : j'appreuve
Son cœur entier, et tout mien je le treuve,
Car onc en luy n'entra nulle amour neufve.
  Ce que feray,
Quand à parler à chacun laisseray,
Et seule à part en vous je penseray;
Ne jamais plus en nul lieu ne seray
  Là ou parler
Nul puisse à moy, ne danser, ne baller.
Si l'on me voit seule à l'Eglise aller,
Ce sera tout; ailleurs ne prendray l'air.
  Je me contente,
Mais que sans plus je vienne à ma pretente,
Et que du tout puisse rompre l'attente
Du souspeçon qui sy tresfort vous tente,
  Qu'il vous fait croire,
Voire et penser une chose notoire,
Et clere autant que peult estre une histoire
Qui n'entra onc au cœur n'en la memoire
  De vostre amye

## LA TROISIEME DAME.

*Que vous devriez tenir pour ennemye*
*Si vous pensiez ne l'avoir que demie;*
*Mais vous l'avez (helas! n'en doutez mie)*
  *Du tout entiere;*
*Et vous avez, sans cause ny matiere,*
*Forgé un mal qui me mettroit en biere,*
*Fors que je suis sy glorieuse et fiere,*
  *Sentant mon cas*
*Sy juste et saint, que moy sans advocatz*
*Soustenir puys que telle ne suis pas*
*Que vous pensez ; mais avant mon trespas*
  *Vous feray voir*
*Qu'autre que vous ne vouluz onc avoir,*
*Et que j'ay fait sy tresbien mon devoir,*
*Que vous n'aurez de m'accuser povoir.*
  *Car je vous jure,*
*Que pour oster vostre opinion dure,*
*Doresnavant (qui qu'en seuffre et endure)*
*Ne parleray à nulle creature,*
  *Puis que sy peu*
*D'occasion que je prenois à jeu*
*Va allumant un sy dangereux feu,*
*Qui brusle et ard de nostre amour le nœu*
  *Tant bien noué.*
*Las, si plustost le m'eussiez advoué,*
*Et le discours de ma vie alloué,*
*J'eusse bien tost un autre jeu joué.*

   *Mais vous m'avez*
*Tousjours monstré, comme bien vous sçavez,*
*Que ma façon vous plaist, ce que devez ;*
*Mais au dedens tel pensement n'avez*
   *Comme au dehors*
*Dissimulez. Mais quand au rang des mortz*
*Par moy verrez les souspeçonnez corps,*
*Contraint serez de confesser alors*
   *Que je suis telle*
*Que je vous diz, à tous dure et rebelle,*
*Et, qui pis est, jusqu'à leur mort cruelle ;*
*Mais à vous seul tousjours continuelle*
   *Trop gratieuse,*
*A tout chacun estrange, audacieuse.*
*Car je suis tant de garder soucieuse*
*L'amour que trop j'estime precieuse,*
   *Qu'incessamment*
*Je ne fais rien que penser quoy, comment*
*Je la pourray sans un seul changement*
*Bien conserver, voire eternellement.*
   *Et du moyen*
*J'avoye prins pour mieux couvrir mon bien,*
*A fin que nul n'en congnust jamais rien.*
*Vous en avez causé Dieu sçait combien*
   *De fascherie ;*
*Souspeçonnant mon cœur de tromperie,*
*Vous vous tuez et me rendez marrie ;*

*Mais c'est sy fort qu'à peu pres que perie*
      *N'est mon amour,*
*Ma vie aussi, depuis le dolent jour*
*Auquel de moy creustes sans long sejour*
*Vous avoir fait un si malheureux tour.*
      *Et si pour dire*
*Ores vray est, et sans feinte l'escrire,*
*Vous ne croyez ce que vous povez lire.*
*Contente suis la mort pour vous eslire,*
      *Quand par grand peine*
*J'en auray fait mourir une douzaine*
*De ceux dont plus souspeçon vous pourmeine,*
*Sans en avoir heure, jour ne sepmaine.*
      *Mais pour cacher*
*Ma vraye amour, que je ne veux prescher,*
*Plus ne vous veux de ma veüe empescher.*
*Las, je sçay bien qu'il me coustera cher;*
      *Mais c'est tout un,*
*Puis qu'un bien seul vous l'estimez commun,*
*Et que je fais, comme à vous, à chacun*
*Ce dont vanter ne se sçauroit aucun.*
      *Ne vous ny eux*
*Ne me verrez parler à jeune ou vieux.*
*Or avez vous rompu les fermes nœudz*
*Qui ne seront de par moy refaitz neufz,*
      *Tant que je vive.*
*Car mon amour est telle et si naïve*

Que jamais fin ne prendra, mais craintive
De se monstrer me fait mourir plaintive
      De la rigueur
Que me tenez, dont l'extreme douleur,
Ou fin n'attens, et la Foy de mon cœur
Me font mourir sans espoir ny sans peur.

## LA QUATRIEME DAME

Quel ennuy, quelle peine et douleur!
Quel desespoir! quel desplaisant malheur,
Qui m'a contraint perdre force et couleur,
   Vie et puissance,
Entendement, raison et congnoissance,
Par une tant aveuglée ignorance
Que je ne sens mon mal ny ne le pense,
   Et si me meurs.
Car cœur et corps desseichent mes douleurs,
Que je ne puys radoucir de mes pleurs,
Et si diriez que ce ne sont que fleurs
   Que je supporte.
Et où je suis cent fois plus mal que morte,
Je contrefais la joyeuse et la forte;
Et, me faisant pis, je me reconforte
   A n'avoir rien
Que desespoir, que j'ay Dieu sçait combien,
Et d'avoir mieux je ne voy nul moyen :
Car de mon mal ne congnois le lien

*Ne la nature.*
*Mais a l'on veu soubz le Ciel creature,*
*Ne jamais leu en antique escriture*
*Ou recongnu en vieille sepulture*
  *Qui fust semblable*
*A moy, qui non seulement miserable*
*Me puis nommer, mais misere importable,*
*Comble de mal, voire irremediable,*
  *Sinon par mort,*
*Qui plus me fuyt qu'elle voit que plus fort*
*Cercher la veux? helas! elle ha grand tort;*
*Car je n'ay plus qu'en elle reconfort.*
  *Mais quel mal est ce*
*Que je soustiens, que l'extreme destresse*
*Ou desespoir tient mon cœur tant en presse,*
*Que la raison n'en peult estre maistresse?*
  *Mais, qui vault pis,*
*Pour un ennuy elle m'en donna dix:*
*Car couvrir veult mes douleurs d'un taudis*
*D'honneur et peur qui croissent entendis*
  *Que sont couvertes.*
*Moins elles sont à un chacun ouvertes,*
*Plus je les sents aspres, aigres et vertes,*
*Et mieux me font sentir mes dures pertes*
  *Que si monstrer*
*Je les osois; car quelcun rencontrer*
*Se pourroit bien, qui, me voyant outrer*

*De tant d'ennuy, me sçauroit remonstrer*
   *Quelque raison ;*
*Ou il feroit pour moy telle oraison,*
*Ou me donroit telle contrepoison,*
*Que quelque fois saillirois de prison.*
   *Mais je n'ay garde*
*D'avoir de nul secours ne sauvegarde,*
*Car seulement je crains qu'on me regarde,*
*Et que mon mal on allege ou retarde.*
   *Parquoy contraindre*
*Je veux mon cœur et mon visage feindre,*
*Sans souspirer, sans parler, ne sans plaindre,*
*En attendant la mort (que ne puys craindre)*
   *Joyeusement.*
*Respondez moy, ô mon entendement,*
*Qu'est ce que j'ay? et vous, mon sentement,*
*Apprenez moy quelle peine et tourment*
   *C'est que j'endure.*
*Las, elle m'est tant importable et dure,*
*Que je ne sents ny chaleur ny froidure,*
*Ne bien ny mal. Mais si cecy me dure,*
   *Las, je perdray*
*L'entendement, ou bien tost je mourray.*
*Mais mon malheur respond que non feray,*
*Et qu'en despit de moy demoureray*
   *Morte en vivant :*
*A celle fin que je reçoive, avant*

L'heureuse Mort, tous malheurs sy souvent
Que desespoir me face mettre au vent
      Toute esperance.
Car je ne voy moyen ny apparence,
Qu'esperer puisse aucune delivrance,
Ny ne la veux : j'aime mieux repentance.
      Mais de quoy est ce?
As tu, mon cœur, eu pensée traytresse?
As tu failly, ma bouche, à ta promesse?
N'a pas esté loyauté vostre addresse
      Par ferme Foy?
Helas! ouy; car plus que je ne doy,
J'ay observé de vraye amour la Loy,
Dont le malheur tombe si grand sur moy
      Que repentir
Tant seulement me fault; dont consentir
J'ay trop voulu, jusqu'à m'aneantir,
De croire à cil qui ne fait que mentir.
      Mais qui est il?
M'a point trompée un Esperit subtil;
Ou bien vaincue un plaisir inutil?
Non, mais Amour tres honneste et gentil,
      Juste et parfait,
M'a fait ce mal. Mais comme l'a il fait?
Du bien ne vient jamais mauvais effect.
Donques c'estoit un Amour contrefait?
      Mais le rebours :

## LA QUATRIEME DAME.

Car ceste Amour n'est semblable aux amours
Qui ont par tout tant de bruit et de cours,
Dont les plaisirs sont vicieux et cours ;
  Car elle est bonne,
Fondée en Dieu, suyvant ce qu'il ordonne,
Sans crainte avoir du parler de personne.
Et toutesfois, c'est cela qui me donne
  Mon desespoir :
Car, n'y povant que bien appercevoir,
Faire n'y veux de l'oster nul devoir ;
J'ayme trop mieux sans cesser peine avoir
  En le portant :
Au moins sera mon povre cœur content
De vray Amour soustenir tant et tant,
Que recevoir la mort qu'il en attent
  Puysse soudain.
O dur Amour ! non leger, ne mondain,
Ne vicieux, ne fol, ne prins en vain,
Vous me causez un larmoyable baing,
  Dont mes deux yeux
Sont les tuyaux, qui ne sçavent rien mieux
Que sans cesser leurs torrentz ennuyeux
Faire saillir, arrousant en tous lieux
  Mon povre corps,
Qui tant seroit heureux au reng des mortz.
Car les regretz dont j'ay sy durs remords
Font desirer mon ame en saillir hors.

*Las, si heureuse*
*Estre ne puis, dont tousjours doloreuse*
*Me fault traîner ma vie langoureuse,*
*Que je ne suis de perdre en rien poureuse,*
   *Mais le desire.*
*Apres la Mort je crie et je souspire,*
*Et la cruelle en devient cent fois pire,*
*Et plus me fuyt quand voit que plus empire*
   *Ma maladie,*
*Dont n'est besoing autrement que je die*
*Tout le discours ; pas ne suis sy hardie*
*Que d'en vouloir jouer la tragedie.*
   *Car le celer*
*Me plaist trop mieux, que le cas reveler ;*
*Aussi, pour vray, si j'en voulois parler,*
*Je ne sçaurois de quel costé aller*
   *Pour commencer.*
*Je ne veux point ma fortune tenser,*
*Ne dire mal d'Amour, ne l'offenser,*
*Et aussi peu nul mal d'autruy penser.*
   *Mais sus moy mesme,*
*S'il en convient parler, prendray mon theme,*
*Dont le propos rempliroit un Karesme.*
*Je me tairay morte, defaite et blesme,*
   *Car je ne puis*
*Dire de moy que c'est, ne que je suis.*
*Mes sens sont morts ; mes Esperitz reduitz*

*Du tout à rien : parquoy au fonds du puitz*
  *De desconfort*
*Mon cœur est mis, et si ne veux support,*
*Ny nul secours, pour me jetter au bort*
*De ce malheur, lequel (j'espere) au fort*
  *Me durera*
*Tant que la mort fuytive gaignera,*
*Et maugré elle il la me donnera.*
*Mais quand le bien advenu me sera,*
  *Je vous supplie*
*Que le regard de voz doux yeux se plie*
*A regarder ceste lettre remplie*
*D'aspre douleur, et par mort accomplie.*
  *Souvienne vous*
*Que je vous ay aymé par dessus tous ;*
*Voire d'un cœur de vostre Amour jaloux,*
*Pur et loyal, à vous trop humble et doux.*
  *Car par fiance*
*Tant bien fondée en Dieu et conscience,*
*Sans user d'art ne de fainte science,*
*J'ay creu en vous, dont je perdz patience.*
  *Car corps et ame,*
*Et vie et mort, et renommée et fame,*
*Entre voz mains, comme la moindre femme,*
*Mettre vouluz : qui ne m'est point de blasme,*
  *Car (Dieu mercy)*
*L'honneur jamais n'en a esté noircy.*

*Ame ne corps n'en ont peché, ne si;*
*Mais j'en auray perpetuel soucy,*
          *Qui ne me vient*
*Que du regret de l'Amour qui me tient,*
*Et de laquelle ainsi peu vous souvient,*
*Que toute entiere à moy elle revient.*
          *Or l'ay je toute,*
*Et dans mon cœur bien couverte la boute,*
*Car dans le vostre onques n'en y eut goute.*
*J'entens l'Amour bonne et juste, sans doute*
          *De fiction,*
*Ou du default de grand' affection.*
*Vous arguer n'est mon intention :*
*Je ne vous veux sinon ma passion*
          *Bien au vif paindre.*
*Mais en voyant que je n'y puys atteindre,*
*Et qu'à monstrer ce qu'à dire dois craindre*
*Tout mon parler defautt et devient moindre,*
          *Je vous lairray*
*A le penser : parquoy je m'en tairay,*
*Vous asseurant que quand pour vous mourray,*
*Jamais ma mort ne vous reprocheray.*
          *Car de bon cœur*
*Je la reçoy, pour la plus grand douceur,*
*Qui me pourra venir, soyez en seur :*
*Mourir pour vous m'est plaisir et honneur,*
          *Et je le veux.*

## LA QUATRIEME DAME.

*Pour eschapper jamais ne feray vœux.*
*Je n'ay regret en parens ny nepveuz,*
*Puis que je voy les liens et les nœuz*
    *Par la moytié*
*Estre rompus de parfaite amitié.*
*Je n'auray plus de ma vie pitié,*
*Ne de mon cœur, qui est bien chastié*
    *De trop aymer.*
*Il en mourra entier, sans s'entamer*
*En autre endroit, dont il n'est à blasmer;*
*Car il se peult par mort loyal clamer.*
    *Vous le sçavez;*
*Et confesser (ce me semble) devez,*
*Veu que vous seul dire certes povez,*
*Que jamais cœur si loyal veu n'avez;*
    *Et verité*
*Lors vous direz : je l'ay bien merité*
*En vostre endroit, car la grand' Charité*
*Ne vistes onc de telle purité,*
    *Que je vous ay*
*Sans varier portée et porteray.*
*Ma ferme Foy aumoins je garderay,*
*Que devant Dieu un jour vous monstreray.*
    *Las, vous serez*
*Tout asseuré que verité verrez,*
*Que j'ay grand peur qu'à peine trouverez*
*Tant que le corps de mensonge lairrez.*

*Or bien à l'heure*
*Seur en serez, et tandis je demeure*
*N'ayant plaisir, fors quand je plains et pleure :*
*Portant mon mal jusqu'à ce que je meure*
   *D'Amour contente,*
*Vivant sans plus de douleur violente*
*Et de rigueur cruelle et vehemente.*
*Icy se taist celle que trop tourmente*
   *Passion forte,*
*Qui autre mot ne devise ne porte,*
*En attendant de mort passer la porte,*
*Fors seulement : Pleust à Dieu estre morte.*

## LE PREMIER GENTILHOMME

Vous, m'amye, ô ma Dame et maistresse,
Pour qui j'ay eu tant de joye et tristesse,
Puis que prenez par icy vostre addresse,
    Arrestez vous,
Et de vostre œil, qui pour moy fait trop doux,
Ne desdaignez de voir ce noir veloux
Où, pour aymer, mon corps verrez dessoubs
    Par mort gisant ;
Duquel l'Esprit est au cieux reposant,
Que ferme Amour a poly si luysant
Qu'il est assis au lieu le plus plaisant
    De Paradis.
Il m'est permis de vous dire, entendis
Qu'il vous plaira m'ouyr, ce que jadis
Vous ay celé, et qu'onques je ne dis
    A creature,
C'est de quel cœur et de quell' amour pure
Porté vous ay jusqu'à la sepulture
Parfaite amour ; bien que nulle ouverture

*Par ma parole*
*Onques n'en feiz, sachant bien qu'un tel rolle*
*Ne vous plaisoit: car vous teniez eschole*
*De reprouver toute amour vaine et fole.*
  *Tant que souvent*
*Je vous ay veu au plus sage et sçavant,*
*Au plus honneste et au plus poursuivant,*
*Faire cesser de parler plus avant*
  *De leurs amours.*
*J'ay veu qu'à tous, en tous temps et tousjours*
*Vous avez fait de sy estranges tours,*
*Qu'ilz ont trouvé en vous tout le rebours*
  *De leur desir.*
*Je vous ay veu que vous povyez choisir*
*Des serviteurs à vostre beau loisir;*
*Mais je ne veiz jamais que nul plaisir*
  *Y sceussiez prendre.*
*Je vous ay veu les amoureux reprendre,*
*Ou les fuyr; ou sy bien vous defendre*
*Qu'amour par eux jamais ne vous sceut prendre.*
  *Je vous ay veu*
*Le sens sy bon, le cœur sy bien pourveu*
*D'honnesteté, que jamais nul n'a sceu*
*Rien avoir fait parquoy il fust deceu.*
  *Moy donc, sachant*
*Quel est le prys que chacun va cherchant,*
*Ay tousjours craint d'en estre le marchant.*

*Non pas que j'aye eu le cœur sy meschant*
*Que je ne pense*
*Que mon amour semblable recompense*
*N'eust meritée, et ma perseverance,*
*Ma loyauté et ma ferme assurance.*
*Mais ce que taire*
*Me fait l'amour tant grand et volontaire,*
*C'est que jamais ne vouluz chose faire*
*Dont tant soit peu vous eusse sceu desplaire.*
*Helas, tant bien*
*Je congnoissois que vous n'estimiez rien,*
*Mais desprisiez d'amour tout le lyen,*
*Tant qu'il failloit cercher autre moyen*
*Pour vous hanter.*
*Peine j'ay mis de souvent frequenter*
*Vostre maison, et de me presenter*
*Du tout à vous, sans jamais m'exempter*
*De nulle peine.*
*A ceste fin de vous rendre certaine*
*Que j'estimois grace tressouveraine*
*De vous servir, non d'une amour mondaine,*
*Mais d'un tel cœur*
*Comme doit faire un loyal serviteur*
*Qui, sans porter à soymesmes faveur,*
*N'ha nul regard, qu'au bien et à l'honneur*
*De sa maistresse.*
*Triste j'estois quand vous aviez tristesse;*

*Je vous fuyois quand vous aviez la presse ;*
*Quand seule estiez, je prenois mon addresse*
   *Pour m'enquerir*
*Si je pourrois en rien vous secourir.*
*Si mal aviez, l'on me voyoit mourir,*
*Cerchant moyen par tout pour vous guarir.*
   *Si quelque affaire*
*Je vous voyois, je ne cessois de faire*
*Tout mon povoir pour tost vous en deffaire,*
*A fin qu'ennuy ne vous peust rien meffaire.*
   *Bref, sans cesser*
*Je vous cerchois, ne vous povant laisser,*
*Sans vous fascher toutesfois, ne presser.*
*Vous me voyez en tous lieux addresser*
   *Où je povois*
*Vous regarder, ou ouyr vostre voix,*
*En vous monstrant qu'autre bien je n'avois.*
*Mais je celois le mieux que je sçavois,*
   *Ma passion.*
*L'œil en faisoit la demonstration ;*
*Par luy pouviez juger l'affection.*
*Voyant aussi la frequentation*
   *Continuelle*
*Que je faisois chez vous, qui estoit telle*
*Qu'assez voyez par là l'amour cruelle,*
*Dont mon parler jamais nulle nouvelle*
   *Ne voulut dire.*

*Si suis je seur que, sans le vous escrire,*
*Vous congnoissiez au vray tout mon martyre.*
*Car pour garder souvent qu'il ne fust pire,*
    *Vous m'appelliez,*
*Et plus à moy qu'à nul autre parliez.*
*Ce que faisiez, et là où vous alliez,*
*Tant fust secret, rien à moy ne celiez,*
    *Et si quelqu'un*
*Vous ennuyoit, ou estoit importun,*
*A moy sans plus disiez : voyez là un*
*Qui me voudroit d'un amour non commun*
    *Entretenir ;*
*Mais si jamais luy voyez revenir,*
*Je vous requiers près de moy vous tenir,*
*Car autrement mieux ne le puys punir.*
    *Tous autres cas*
*Qui vous touchoient, et que ne disiez pas*
*A autre nul, sans en faillir d'un pas,*
*Ditz les m'avez, et si ne fuz onc las*
    *De les ouyr.*
*Helas, pensez comme bien esjouyr*
*Faisiez mon cœur, quand je sçavois jouyr*
*De vos secrets, et vous voyois fuyr*
    *Incessamment*
*Gens d'apparence et gens d'entendement,*
*De bonne grace et d'entretenement,*
*De grand beauté, d'honneste acoustrement,*

*Qui volontiers*
*Eussent ouy tous voz secretz entiers.*
*Mais onques nulz ne peurent estre tiers,*
*Tant fussent ilz beaux, fins, sages ou fiers.*
*O quelle joye*
*Dedens mon cœur secrettement j'avoye,*
*Me voyant seul avoir trouvé la voye*
*De vostre cœur, dont les secretz sçavoye !*
*Mais, d'autre part,*
*Je n'avois pas de douleur moindre part*
*Quand voz doux yeux me donnoyent un regard,*
*Où je prenois incessamment esgard.*
*Et le parler*
*Que je voyois d'une bouche voler,*
*Belle sy fort qu'il ne se doit celer,*
*Tant doucement je le sentois couler*
*Dedens mon cœur,*
*Dont le regard avoit esté vainqueur.*
*Puis, en sentant ceste douce liqueur*
*D'un tel parler, plein de grace et d'honneur,*
*Amour brusloit*
*Mon cœur sy fort que declarer vouloit*
*Sa passion; mais crainte la celoit :*
*Dont du rebours ma bouche vous parloit,*
*Tremblant de crainte.*
*Las, près de vous, me suis trouvé fois mainte,*
*Que ma parole estoit du cœur contrainte*

*A declarer ma piteuse complainte;*
   *Mais en la face*
*Je vous voyois une sy grande audace,*
*Un tel honneur, une sy sage grace,*
*Que mon propos failloit que j'avallasse*
   *Maugré mes dents,*
*Congnoissant bien qui sont les accidens,*
*Où sont tombez ceux qui leurs cœurs ardans*
*Monstré vous ont telz qu'ilz estoient dedens,*
   *Dont les uns morts*
*Sont par ennuy, les autres saillis hors*
*De leur bon sens; les heureux n'ont eu fors*
*Douleur sans fin et tresamer remords.*
   *Donques craignant*
*Que si ma bouche alloit se complaignant,*
*Vous declarant mon mal rude et poignant;*
*Que vous, qui nul ne fustes espargnant,*
   *M'eussiez soudain*
*Dit : Desormais vous labourez en vain,*
*Car vous n'aurez jamais de moy nul gaing,*
*Puis que je voy que vous estes mondain.*
   *Or vistement*
*Departez vous, puis que le traitement*
*Que vous avez de moy honnestement,*
*Vous a causé un sy fol pensement.*
   *Voilà la cause*
*Qui m'a gardé de declarer la clause*

De tout mon mal, où ne puys mettre pose ;
Et si m'en fault celer et texte et glose.
   Puis estant seur
D'avoir tout seul la plus grande faveur
Que vous povez donner avec honneur,
Je devois bien de la perdre avoir peur.
   Ainsy contant
En mon esprit, ma bouche allois battant,
Et en mon cœur les cornes rabatant,
Et contre Amour sans cesser combatant
   Pour la raison.
Tant qu'à la fin, luy, son feu, son tison,
Ses traictz pointuz, son amere poison,
Dedens mon cœur j'enfermay en prison
   Estroitement.
Lors augmenta ma peine doublement ;
Car plus Amour tenois couvertement,
Plus le sentois en mon cœur vivement ;
   Et soulager
Ne se povoit qu'à penser et songer,
Sans esperer jamais de là bouger :
Car au parler estoit trop de danger.
   Amour cruel,
Qui prisonnier estoit perpetuel,
Print un desir fort et continuel,
Et un despit contre moy qui fut tel
   Qu'après sçavoir

Que je n'avois de le laisser povoir,
Ne de luy faire ouverture vouloir,
Mais ne pensois que faire mon devoir
   De le cacher
Dedens mon cœur, et tous les jours tascher
De nouveaux nœuz et liens l'attacher,
Tant que jamais ne s'en peust arracher,
   Or que feit il ?
Luy, qui sur tout ha l'esperit gentil,
Trouva moyen d'eschapper bien subtil :
Car, sans daigner user d'un seul oustil
   Pour se venger
De moy, se print sy tresfort à manger
Qu'il creut sy grand qu'il luy failloit changer
D'autre logis, ne povant plus ranger
   Dedens le mien.
Mais congnoissant qu'il n'avoit nul moyen
Par où saillir, il deffeit son lyen,
Rompant mon cœur, son logis ancien,
   Où longuement
L'avois nourry du rapport seulement
Qu'oreille et yeux faisoient incessamment
De vous à luy; dont tant abondamment
   De nourriture
Je luy donnois, qu'il renforça nature ;
Et fut sy grand nourry de tell' pasture,
Qu'il feit par mort de mon cœur ouverture.

Or sus, ma Dame,
Pour vous mon corps Amour met soubs la lame,
Par trop ouvrir son amoureuse flame :
Le Ciel aussi par Amour a prins l'Ame.
    Mais aux amys
Qui ont (vivans) de celer peine mis
Leur amitié, il est de Dieu permis
Qu'après que Mort a leurs corps endormis,
    Tresclerement
Puissent monstrer à leurs Dames comment
Pour elles sont morts en peine et tourment.
Parquoy, ma Dame, icy voyez l'aymant,
    Duquel Amour
Estant de luy prisonnier serré, pour
Mieux s'en venger, n'a jamais eu sejour
Qu'il ne l'ayt mis à mort. Ce fait le jour
    Le plus heureux
Que j'euz jamais ; car le faix douloureux
A le couvrir cruel et dangereux,
Lequel monstrer j'estois par trop paoureux,
    M'estoit plus fort
A soustenir que n'a esté la Mort,
Par qui je suis arrivé au seul port
De ceste Mer pleine de desconfort.
    Et si nouveau
Trouvez d'ouyr d'un corps sans chair ne peau
La triste voix saillant de ce tombeau,

*Il n'estoit moins estrange, honneste ou beau,*
   *Quand je vivois,*
*De vous celer par ma parole et voix*
*Ce que par fois bien grand desir j'avois*
*Vous declarer, et le moyen trouvois*
   *Bien aisément.*
*Mais j'ay voulu n'avoir contentement*
*Fors que d'aymer sy tresparfaitement*
*Qu'après ma mort puissiez sçavoir comment*
   *Ma passion*
*(Bien qu'elle fust d'extreme affection)*
*Ne m'a osté la sage fiction*
*Par qui tousjours la frequentation*
   *De vous j'ay eu.*
*De ce bien là tout seul me suis repeu,*
*Et satisfait mon desir, si j'ay peu,*
*Me contentant d'avoir pour certain sceu*
   *Qu'en vostre grace*
*Le premier lieu je tenois et la place;*
*Et que jamais ne faschée ne lasse*
*Ne vous congnu, bien que long temps parlasse.*
   *Dont je me tiens*
*Le plus heureux, veu qu'entre tous les biens*
*Qu'avoir povois, les estimant pour fiens,*
*Ma gloire ay prins d'estre content de riens.*

---

## LE II. GENTILHOMME

N si grand bien se peult il bien comprendre?
Un tel honneur se sçauroit il entendre,
Et d'un plaisir si parfait compte rendre?
    Il n'est possible
Monstrer et dire une chose indicible,
Dont la fin n'est au cœur apprehensible :
Et ce qui est tant incomprehensible,
    Le povoir dire
Il ne se peult, encores moins escrire.
Parquoy mieux vault que ma main je retire,
Que mon escrit face ma cause pire.
    Mais, d'autre part,
Celle qui m'a de cœur, bouche et regard,
De tant d'honneur et bien fait telle part,
Que j'ay bien cause, avant plustost que tard,
    De m'en louer,
D'un taire tel me peult elle advouer,
Ou comme trop ingrat desavouer,
Disant qu'Amour, qui sçait les siens douer

## LE SECOND GENTILHOMME.

*De bien parler,*
*N'a point apprins un sy grand bien celer,*
*Quand par honneur il se peult reveler,*
*Mais jusqu'au Ciel il le doit faire aller*
  *Par grand louenge.*
*A le compter fault donc que je me range.*
*Las, c'est un bien incroyable et estrange,*
*Et dont se peult contenter homme et Ange,*
  *Car la personne,*
*Du nom de qui maintenant mot ne sonne,*
*Tant honneste est, belle, agreable et bonne,*
*Qu'il n'est plaisir que sa grace ne donne.*
  *L'œil qui la voit,*
*L'oreille aussi qui son doux parler oyt,*
*Et l'Esperit qui sa vertu conçoit,*
*Est malheureux si du tout ne reçoit*
  *Plaisir parfait.*
*Ange n'y a qui, congnoissant son fait,*
*Son cœur devot, qui n'est point contrefait,*
*Qui ne se sente en elle satisfait.*
  *Bref, je la tiens*
*Si tresparfaite, et comble de tous biens,*
*Qu'Anges et Dieux et hommes je soustiens*
*Aymer, louer la doivent plus que riens.*
  *Et moy, qui moindre*
*Suis que les Dieux, puis que j'ay peu atteindre*
*Au bien où tant j'ay veu faillir ou craindre,*

De m'en louer me doy je donques feindre ?
   Helas, nenny :
Gaigné j'aurois d'estre d'elle banny,
Dont trop serois de mon taire puny.
Mais je ne suis de sens sy desgarny
   Que sottement
Mettre le vueille au vent publiquement.
Cercher je veux un sage entendement,
Digne d'ouyr mon grand contentement;
   Mais n'en trouvant
Nul qui soit tant vertueux et sçavant
Comme celuy qui doit aller devant
Tous bons Espritz, je ne mettray au vent
   Mon escriture,
Fors à la plus parfaite creature,
De cœur, de corps et d'Ame la plus pure
Qui onques fut, la plus ferme et plus seure,
   Et honorable,
Parfaite Amour, fidele et veritable.
Donques à vous, Amye tant amable,
Estant bien seur que l'aurez agreable,
   Ceci j'envoye,
En attendant que bientost vous revoye.
Vous declarant quel bien j'ay et j'avoye
D'avoir tousjours couru la droite voye
   (Sans un seul vice),
De vray desir de vous faire service,

*Faisant de moy tout entier sacrifice,*
*Pour estre plus à vous qu'à moy propice,*
  *En renonçant*
*A tout desir vicieux et puissant,*
*Pour seulement vous estre obeïssant,*
*Et demourer sans cesser jouyssant*
  *De ceste grace*
*Que m'avez fait, qui tout autre bien passe :*
*C'est de m'aymer sans feinte ne fallace;*
*Ce que j'ay bien congnu par long espasse*
  *Certainement.*
*Mais toutesfois à mon commencement*
*Crainte me print, qui dura longuement,*
*De vous monstrer mon cœur entierement.*
  *Lors comme sage,*
*Bien congnoissant par mes yeux mon langage,*
*Qui sans cesser du cœur furent message,*
*Voyant qu'à vous s'adressoit leur voyage,*
  *Vous eustes peur*
*Qu'en vous monstrant par mes yeux ma douleur,*
*Qu'autres que vous apperceussent mon cœur :*
*Dont, pour sauver ma vie et vostre honneur,*
  *Vous pleut m'apprendre*
*Ce qui se peult de vray amour entendre,*
*Et ce qu'un cœur honneste en doit pretendre,*
*Et des regards des mesdisans defendre ;*
  *Et que devois*

*Dissimuler ce qu'en mon cœur avois,*
*Sans le monstrer par regard ny par voix ;*
*Mais feindre aymer ailleurs, si je povois.*
   *Et me teniez*
*De telz propos, où trèsbien m'appreniez*
*Que le desir de mon cœur deviniez,*
*Lequel tousjours en crainte entreteniez*
   *Sans demonstrance*
*Faire d'Amour au vray la congnoissance.*
*Dont contraint fuz par triste contenance*
*De mon amour donner quelque apparence,*
   *Voyant que vous*
*Cerchiez moyen qui fust honneste et doux*
*Pour m'eslongner de vous à tous les coups,*
*En me disant : Ferez vous voir à tous*
   *Vostre vouloir ?*
*Usez pour moy sur vous de tel povoir,*
*De ne cercher pour quelque temps me voir.*
*Allez ailleurs, faites à tous sçavoir*
   *Que vostre Amour*
*En autre lieu qu'en moy fait son sejour.*
*Las, je vous creu, mais congnoissant le tour*
*Que vous vouliez me faire sans retour,*
   *C'est me laisser*
*Entre les mains où je puys confesser*
*Qu'il m'ennuyoit, mais c'estoit sans cesser.*
*Lors je me mis à plus fort vous presser*

## LE SECOND GENTILHOMME.

*Que ma coustume :*
*Car la douleur, qui tout bon cœur consume,*
*Me pesoit plus sur le cœur qu'une enclume,*
*Et ne povant par parole ne plume*
    *M'en soulager,*
*J'estois contraint tout cest ennuy manger*
*Secretement : c'estoit pour enrager.*
*Mais me voyant pour vous sy fort changer*
    *Et soustenir*
*Mal pis que mort, ne vous peustes tenir*
*De me venir sy bien entretenir*
*Que tout mon cœur vous feistes revenir,*
    *Qui estoit mort.*
*Lors seur je fuz que vous m'aymiez bien fort.*
*Parquoy je feis plus que jamais effort*
*De vous prier, pour tout mon reconfort,*
    *Que voulsissiez*
*Parler à moy en lieu où vous fussiez*
*Hors du regard de ceux que congnoissiez*
*Suspeçonneux, et que ne doutissiez*
    *Que pour mourir*
*Ne vous voudrois de chose requerir*
*Qu'honneur en vous et Dieu ne peult querir.*
*Vous, desirant me sauver et guarir,*
    *Le m'accordastes;*
*Et pour le mieux aussi bien vous pensastes*
*Qu'il le failloit, parquoy lieu me donnastes*

Où longuement avecques moy parlastes.
   O quel malheur !
Estant au lieu où j'avois tant d'honneur,
Las, je ne sceuz dissimuler mon cœur,
Qu'il ne monstrast l'extremité d'ardeur
   Qui le brusloit.
Lors il monstra la douleur qu'il celoit,
Se declarant autre qu'il ne souloit,
Contraint d'Amour trop plus qu'il ne vouloit,
   Bien que par crainte
Tousjours estoit ma parole contrainte
D'honnestement parler à vous en feinte ;
Car vous voyant plus froide, chaste et sainte,
   A moy contraire,
En ce lieu seul à part et solitaire
Qu'en autre lieu, et qu'onques ne sceuz faire
Tour que je feisse en rien qui vous peust plaire,
   Cela me feit
Tant de courroux que mon desir deffit,
Et tout desir j'oubliay et proufit,
Comme celuy à qui sans plus souffit
   Vous obeïr.
Mais pour cela me cuydastes haïr,
En me disant que vous voulois trahir ;
Ce qui me feit en mourant esbahir,
   Quand trop aymer
(Ce qu'à mon gré ne puys trop estimer)

M'avoit contraint me noyer en la Mer,
Dont me voyois de trahison blasmer.
    Pour vous, helas,
A qui failly je n'avois d'un seul pas,
Faillir ne peult qui son cœur ne tient pas.
Vous sçaviez bien qu'il estoit en voz laz
    Des ans a maints.
Il n'estoit plus, ma Dame, entre mes mains :
Parquoy de vous, non de moy, je me plains.
Pourquoy l'avez laissé aller au moins ?
    Las, pourquoy est ce
Qu'un sy grand bien passant toute richesse
Vous luy avez monstré hors de la presse
De souspeçon, dont il print hardiesse
    Par grand desir,
Qu'il luy monstroit vous, le lieu, le loisir,
Qui me força, non pour cercher plaisir,
Mais seureté que le vouliez choisir
    Pour vray amy,
De faire un tour d'homme yvre ou endormy
De trop de bien; lors ainsi qu'ennemy
Me voulustes chasser non à demy,
    Mais pour jamais.
Helas ! mon Dieu, que dur me fut ce metz
De vostre escrit, disant : Je vous prometz
Plus ne vous voir, moy qui sans si ne mais
    Vous ay servie.

*Faulte n'ay fait ni n'en euz onc envie,*
*Fors d'avoir trop ma pensée ravie*
*En vostre Amour, dont je cuiday ma vie*
                *Perdre soudain.*
*Alors, voyant que parler estoit vain,*
*Me retiray tant malade et mal sain,*
*Et compagnie et passetemps mondain*
                *Fuyois sy fort,*
*Que la douleur, qui faisoit son effort,*
*M'alloit menant aux portes de la Mort,*
*Sans demander de vous nul reconfort,*
                *Mais endurer*
*Voulois tousjours, sans jamais murmurer,*
*La cruauté que trop faisiez durer;*
*Dont nul secours (je vous puys asseurer)*
                *Ne demandois,*
*Ne rien que mort pour bien ne pretendois,*
*Que recevoir par vous bien tost cuydois.*
*Mais au droit poinct que moins m'y attendois,*
                *Vostre bonté,*
*Par qui courroux fut à la fin domté*
*Dens vostre cœur, me voyant surmonté*
*D'extreme ennuy, comme il me fut compté,*
                *Monstra douceur*
*En vous passer cruauté et rigueur;*
*Car il vous pleut me monstrer tell' faveur*
*Qu'à vous je vins parler, non sans grand peur*

## LE SECOND GENTILHOMME. 65

*D'estre tensé.*
*Vous estes trop folement avancé,*
*Me dites vous; mais, ayant tout pensé,*
*Rompre ne veux le lien commencé*
   *Entre nous deux,*
*Car fermeté en a noué les nœuz,*
*Que je ne puis defaire; mais je veux*
*Avoir de vous et promesses et vœuz*
   *Sans fiction,*
*Parlant d'un cœur de juste intention,*
*Que jamais plus n'aurez affection*
*En nostre amour, que fole passion*
   *Monstrer vous face.*
*Si ainsi est, vous avez de ma grace*
*Comme tout seul et vray amy la place.*
*S'il n'est ainsi, il fault que me defface*
   *Du tout de vous.*
*Mais tout soudain rompant vostre propos,*
*Requis pardon humblement à genoux;*
*En suppliant vostre cœur humble et doux*
   *De me remettre*
*Ce qu'avois fait, dont je ne fuz pas maistre;*
*Et ne craingnis lors jurer et promettre*
*Que je voulois tel qu'il vous plairoit estre.*
   *Vous doucement*
*Voyant mon cœur mieux que moy vrayement,*
*Qui verité disoit naïvement,*

*Prinstes la foy, l'hommage et le serment*
*Par grand'douceur,*
*Qui me rendit de vostre grace seur,*
*Sans craindre plus vostre austere rigueur*
*Aussi depuis n'euz desir dont honneur*
*Et conscience*
*Avecques moy ne fussent d'alliance.*
*Or avez vous par longue experience*
*Congnu de moy l'amour et patience.*
*Or vous sçavez*
*Quel je vous suis, bien esprouvé l'avez.*
*Seure d'amy estre sans fin povez;*
*Mais en voyant ainsi que vous devez,*
*Asseuré suis*
*Que vous m'aymez, et que bien croire puys*
*Que j'ay acquis le bien que je poursuis;*
*Ostant de moy le desir que je fuys*
*Desraisonnable,*
*Me soubmettant à raison incroyable,*
*Qui rend l'amour de nous deux honnorable,*
*Bien que ce fust à moy chose importable*
*Au commencer.*
*Mais j'ay rompu fait, et dit, et penser,*
*Et tout desir où vous puis offenser,*
*Me transformant en vous sans m'avancer,*
*Fors seulement*
*De mettre à fin vostre commandement,*

*Voyant de vous aussi semblablement*
*Un cœur uny, un pareil sentiment ;*
   *Las, quel repos !*
*Un seul penser, un accordé propos,*
*Un cœur ouvert et un regard si doux,*
*Que je congnois sans cesser entre nous,*
   *Dont mal parler*
*Nul ne sçauroit par nostre bien celer.*
*Crainte n'avons qui se peust reveler*
*Par m'avoir trop veu venir ou aller*
   *Hors de raison*
*Parler à vous, ny à vostre maison.*
*Si n'en fut pas moindre mon oraison ;*
*Car j'ay trouvé tousjours heure et saison*
   *D'avoir le bien.*
*Si je l'estime, helas ! Dieu sçait combien.*
*Dont un chacun pense que je n'ay rien,*
*Qui plus m'en fait estimer le moyen*
   *Que vous trouvez*
*Pour me complaire; et là vous approuvez*
*Quel serviteur en moy loyal avez,*
*Qui digne suis n'estre des reprouvez.*
   *J'ayme l'erreur*
*Par qui je suis, après crainte et terreur,*
*Venu au poinct du plus desirable heur*
*Que, selon Dieu, peult vouloir serviteur.*
   *Et la folie,*

Qui vous a fait voir comme Amour me lie,
Me plaist, par qui rigueur fut amolie
En vostre cœur, voyant melancolie
   S'esvertuer
De me vouloir pour vostre amour tuer.
Et le faillir me plaist, pour qui muer
Ne vous a pleu, mais me restituer
   Droit au mylieu
De vostre cœur, duquel seul tiens le lieu,
Et le tiendray sans qu'honneur, vous, ne Dieu
Soit offensé; car c'est un facheux jeu,
   Pour un quart d'heure
D'un fol plaisir, qu'il faille que-l'on pleure
Si longuement. Or vous puys je voir seure
Qu'en ce propos feray ferme demeure,
   Et que povoir
Avez sur moy de me faire vouloir
Ce qui vous plaist, sans de vous me douloir.
Aussi de vous je n'ay doute d'avoir
   Le cœur entier.
Je trouve en vous ce qui me fait mestier
Pour mon plaisir ; mais pour me chastier
Vertu y est, effaçant le papier
   Où ignorance
Escrire veult ce que folie pense.
Par vous je suis du tout hors de la danse,
Et par Amour vous en moy sans doutance

## LE SECOND GENTILHOMME.

*Je sents unie.*
*O bien heureuse et douce compaignie !*
*O grande Amour d'honnesteté garnie,*
*Dont du plaisir la vertu n'est bannie !*
    *Par vous delivre*
*Suis de tous maux, et trescontent puys vivre ;*
*Et si suis tant de contentement yvre,*
*Qu'il me faudroit pour en parler un livre.*
    *Parquoy j'arreste*
*La main qui est à vous servir trespreste,*
*Vous suppliant pour treshumble requeste*
*Perseverer en nostre Amour honneste.*

## LE III. GENTILHOMME

CERTAIN je suis, ma Dame sans pitié,
Veu la cruelle et grande inimitié
Que me portez, que romprez par moitié
    Ceste escriture
Soudainement, sans en faire lecture.
Mais, si avant qu'en faire l'ouverture
Mon nom vous est celé, par aventure
    Vous la lirez.
O lisez la! car ce que desirez
Verrez dedens, dont à la fin rirez,
Ou pour le moins (comme je croy) direz :
    Voilà un poinct
Qui me plaist fort. Mais si raison vous poingt,
Ou qu'un peu soit Dieu à vostre cœur joint,
Vous pourrez bien dire : Dieu luy pardoint.
    C'est tout le mieux
Qu'esperer puys, que bien heureux aux cieux
Prirez pour moy, tout ainsi qu'en tous lieux,
Vivant m'avez par tourmens ennuyeux

>        *Fait desirer*
> *La mort, qui tost me fera expirer.*
> *Tant suis blessé que ne puys empirer,*
> *Pour n'avoir point voulu me retirer ;*
>        *Car trop d'envie*
> *J'ay eu long temps de perdre ceste vie,*
> *Qui par honneur tost me sera ravie.*
> *Content j'en suis, vous sentant assouvie*
>        *D'un grand desir.*
> *Puis que j'ay eu, quant à Dieu, bon loisir,*
> *Et qu'en honneur mourant vous fais plaisir,*
> *Je n'eusse sceu meilleure mort choisir ;*
>        *Car, puis que prendre*
> *Ne vous ay peu, ne me suis voulu rendre,*
> *Sinon à Dieu : j'ayme trop mieux attendre*
> *L'heureuse mort, qu'en fuyant me defendre,*
>        *Ne prisonnier*
> *Estre de nul, bien que ne puys nier*
> *Que n'aye veu, estant tout le dernier,*
> *Ceux que l'honneur doit excommunier,*
>        *Les uns fuytifz,*
> *Les autres trop de laisser prendre hastifz*
> *(Sans coups frapper) leurs povres corps chetifz.*
> *Doncques moy seul, qui onques des craintifz*
>        *N'euz le cœur d'estre,*
> *Ne me vouluz jamais rendre à nul maistre,*
> *Bien que perdu j'avois tant le bras dextre,*

Que n'eusse sceu l'espée à la main mettre.
   Ores par mort
Me pugniray moymesme, non du tort
Que je vous tiens, mais du fascheux effort
Que je vous feis, dont me hayez si fort.
   Si j'ay failly
Par trop avoir un tel bien assailly,
Si n'est ce point tour d'un cœur defailly,
Ne qui soit trop hors de raison sailly.
   Je vous supplie,
Dites de quoy sert amitié qui plie
En ma faveur, s'elle n'est acomplie ?
Que vault thresor si l'on ne le desplie ?
   Povois je faire
Moins que je feiz, sans feindre du contraire
Mon grand vouloir ? peult un bon cœur se taire,
Qui n'ha desir que d'aymer et complaire ?
   Et le moyen
Se doit il pas cercher, sans laisser rien,
Pour acquerir un si desiré bien ?
A bien juger, le droit doit estre mien.
   Las ! j'estois seur
De vostre amour, que perdre n'avois peur ;
Et me sentois si digne serviteur
Que vous pouviez remettre vostre honneur
   En ma puissance,
Veu le long temps, la grand perseverance,

*Que vous avois servie sans offense,*
*En vous portant parfaite obeïssance*
   *Jusques au jour*
*D'heureux malheur : heureux, car mon Amour*
*Je vous monstray, et trop malheureux, pour*
*Estre banny de vous sans nul retour !*
   *Est ce raison*
*De me chasser, non de vostre maison,*
*Mais hors du cœur où si longue saison*
*Esté j'avois, ne pour quelque oraison,*
   *Ne pleur, ne plainte,*
*Ne pour me voir pis que mourir sans feinte ?*
*Pitié par moy en vostre cœur bien painte*
*Estre n'a sceu, ne pour saint, ne pour sainte.*
   *O cruauté !*
*Trop fut par vous mise à rien loyauté.*
*La vostre extreme et trop grande beauté*
*Deviez punir, qui une Royauté*
   *Estoit pour moy :*
*Car je ne sçay Royaume, sur ma Foy,*
*Ne pour avoir nom d'Empereur ou Roy,*
*De qui si fort voulusse prendre esmoy*
   *Pour l'acquerir,*
*Que du grand bien que j'ay voulu querir*
*Tant par effort que pour vous requerir.*
*Car il failloit, pour ma douleur guarir,*
   *Ou Mort ou vous.*

*Le pis j'ay eu : c'est vostre dur courroux,*
*Auquel je voy un bien qui passe tous,*
*C'est qu'il me fait trouver le mourir doux.*
   *Et si gaigner,*
*Par ma priere et force n'espargner,*
*Vous eusse peu, vous eussiez veu baigner*
*Mon povre cœur, sans plus ailleurs songner,*
   *Dedens la mer*
*D'heureux repos, sans cesser d'estimer,*
*Louer, priser, honorer et aymer*
*Le bien dont trop le refus m'est amer.*
   *Je l'ay perdu*
*Après l'avoir bien cinq ans attendu.*
*Las ! vous avez trop honneur defendu.*
*Que pleust à Dieu qu'il fust mort ou pendu,*
   *Et conscience*
*Avecques luy, qui perdre patience*
*M'a du tout fait, et qui ceste science*
*Vous enseigna pour avoir deffiance*
   *Sans charité*
*D'un serviteur qui avoit merité*
*Tout le contraire, et l'avez irrité*
*En estimant mensonge et verité*
   *Tout à un prys.*
*Car plus m'avez au vray congnu espris*
*De vostre Amour, et ravy et surpris,*
*Comme un menteur m'avez mis à despris.*

　　　　*Voilà le gaing*
*Qu'après long temps m'avez donné soudain,*
*En m'estimant courtisan et mondain,*
*Traistre ou meschant, cerchant un plaisir vain*
　　　　*Par grand finesse.*
*Vous n'excusez ny Amour ny jeunesse,*
*Qui ont mon cœur contraint par sy grand' presse,*
*Qu'il a osé prendre la hardiesse*
　　　　*Où plus de vingt*
*Mille ont failly; car onques ne parvint*
*Homme à mon poinct, de quelque lieu qu'il vinst,*
*Ny après moy jamais nul n'y revint.*
　　　　*Et toutesfois*
*Je n'ay rien eu : parquoy ne contrefais*
*Le malheureux, mais la plainte je fais*
*De mon malheur, lequel toutes les fois*
　　　　*Qu'il m'en souvient,*
*Mon povre cœur trop pis que mort devient.*
*Aux vrays Amans volontiers mal survient,*
*Et aux meschans ce qu'ilz quierent advient.*
　　　　*O Amour forte !*
*Pour vous monstrer, mon esperance est morte.*
*Je suis traité de trop cruelle sorte;*
*Mais content suis, et si ne me conforte*
　　　　*D'avoir servy*
*Loyalement, sans avoir deservy*
*Le mal que j'ay, sinon d'avoir suyvi*

Ce qu'Amour veult, où m'estois asservy.
   *Helas! cruelle,*
*Si vous pensiez combien vous estiez belle,*
*Et que jamais je ne veiz grace telle,*
*Vous pourriez bien l'Amour que je ne cele*
   *Pour mon excuse*
*Tresjuste avoir; car je ne vous abuse*
*Pour mon parler, et de feintise n'use,*
*Dont vous devriez estre honteuse et confuse*
   *D'abandonner*
*Celuy qui s'est du tout voulu donner*
*A vous servir, sans jamais pardonner*
*Un cas, duquel plustost le guerdonner*
   *Estes tenue,*
*Que le punir. Dont estes vous venue?*
*Est ce d'un Roc tresdur, ou d'une nue?*
*Pour vous avoir mon affection nue*
   *Sans fiction*
*Monstrée au vray, dont grand compassion*
*Deviez avoir, douleur sur passion*
*Vous avez joint. Quelle dilection*
   *Vous observez!*
*Nulle pitié pour fin ne reservez,*
*Mais le venin de rigueur conservez,*
*Dont voz servans les meilleurs vous servez*
   *Pour recompense*
*De leur amour et grand perseverance.*

Or, venu suis à la fin de la dance,
Où j'ay gaigné parfaite congnoissance
    De la rigueur
Que tient aux siens ce mal plaisant Honneur.
Maudit soit il qui en fut inventeur,
Car il ha trop fait chaste vostre cœur,
    Et seur je suis
Que vous m'aymiez tresfort, dire le puys.
Faulte d'Amour n'a point voz sens reduitz
Tant me hayr, que de me mettre au Puitz
    De desespoir;
Ne faulte aussi de faire mon devoir,
Fors que du tout vous avoir bien fait voir
Ce que celer n'estoit à mon povoir.
    L'experience,
Qui vous devoit engendrer confidence,
Vous feit entrer en une impatience,
Croyant honneur couvert de conscience.
    Et quand saisie
Vous eut Honneur par son hypocrisie,
Il vous ha mis en telle fantasie
Que vous croyez plustost à sa bousie
    Qu'à verité.
Or a il tant vostre cœur incité
Encontre moy, qu'à la Mort suis cité
Par vous, par qui cent fois resuscité
    Me suis senty.

*Puis qu'à l'Amour et Foy avez menty*
*Que me deviez, je me suis consenty*
*A ceste Mort, mais non pas repenty,*
      *Ainsi que vous,*
*De vous avoir aymée plus que tous.*
*Honneur sur moy ha frappé deux grans coups :*
*L'un, en faisant par vostre dur courroux*
      *Mon cœur mourir*
*Par grand desir, qui n'a fait que courir,*
*Cerchant la Mort pour sans craindre accourir*
*Au seul moyen qui le peult secourir;*
      *Et l'autre, c'est*
*Le coup mortel qui dedens ma gorge est,*
*Qui à mes maux mettra fin et arrest*
*Par brefve mort, que de souffrir suis prest.*
      *Car, puis que mort*
*Dens mon esprit mesmes par vostre tort*
*M'avoit donné, j'ay voulu son effort*
*Souffrir au corps, à fin que foible et fort,*
      *Honneur et gloire,*
*D'avoir du cœur et du corps la victoire.*
*Et comme il m'a hors de vostre memoire*
*Mis, dont mon cœur mourut bien tost, notoire*
      *Il vous sera*
*Que de mon corps autant il en fera.*
*Car par la Mort bien tost l'effacera*
*Hors de ce monde où il trespassera*

*Pour avoir mieux.*
*Las! puis qu'Enfer j'ay senty en tous lieux,*
*Ne dois je pas bien esperer qu'aux Cieux*
*Je trouveray Paradis gratieux?*
  *Et vous, meurtriere,*
*Ce bel Honneur dont vous faites banniere,*
*Pour vous avoir faite orgueilleuse et fiere,*
*Vous donnera la plus basse chaudiere,*
  *La plus vilaine*
*Qui soit en bas en l'infernal dommaine.*
*C'est ce que doit avoir l'Ame inhumaine,*
*Pleine d'orgueil, cruelle, et gloire vaine.*
  *Puis qu'avez eu*
*Tousjours vivant tout ce qu'il vous a pleu,*
*Et m'avez fait tout le pis qu'avez peu,*
*Sans que jamais pitié pour moy ayt sceu*
  *Vous faire entendre*
*Mon desespoir, ny ma passion prendre*
*De mon malheur, ny faire un peu plus tendre*
*Vostre dur cœur, ne l'empescher de rendre*
  *Le mal pour bien,*
*Après la mort vous congnoistrez combien*
*Vous sert le dur et cruel entretien*
*Que m'avez fait, me traictant pis qu'un chien.*
  *Voz faitz, voz ditz*
*Par trop cruelz me don'ront Paradis.*
*Mais le souffrir que j'ay eu entendis*

*Loger voùs peult en l'Enfer des mauditz*
           *Et trop mal nés.*
*Là n'entre nul, sinon les obstinez,*
*Les impiteux, sans charité menez,*
*Rompeurs de Foy, d'Amour, desquelz tenez*
           *Le sentement :*
*En Paradis ilz n'entrent nullement.*
*Rien qu'Amoureux aymans tresfermement,*
*Remplis de Foy, qui ont porté tourment*
           *Pour soustenir*
*La verité, là ne povez venir,*
*Car cruauté ne peult le Ciel tenir.*
*Et si n'est pas Enfer grand pour punir*
           *Assez les maux*
*Que m'avez faitz, dont maintenant mieux vaux;*
*Car par refuz, ennuy, peine et travaux,*
*Vous n'avez fait que j'espere aux lieux haultz*
           *Avoir ma place.*
*Voicy la Mort, qui prend ma vie lasse,*
*Que point ne crains, ains plustost la pourchasse,*
*Puis que perdu j'ay vostre bonne grace.*
           *Je meurs content,*
*Dont comme vous j'ay aymé honneur, tant*
*Qu'il n'y ha eu icy nul combatant*
*Qu'on puisse dire en avoir fait autant.*
           *Et me contente*
*D'avoir aymé celle qui me tourmente,*

*Tant que pour mal ne peine violente*
*N'a moins esté amour perseverante*
  *A vous monstrée.*
*Content je suis, dequoy du tout outrée*
*Sans estre point de feintise acoustrée*
*Veüe l'avez, dont j'ay Mort rencontrée.*
  *Content aussi*
*De n'avoir peu en vous trouver mercy ;*
*Car dire puys qu'une Dame sans si*
*Aymée j'ay : dont je meurs de soucy,*
  *Et du refuz*
*Je suis content, puis que par honneur l'euz,*
*Et non par peu d'amour, bien que j'en fuz,*
*Ayant failly à tout mon bien, confuz.*
  *Content m'en vois,*
*Puis que j'ay fait ce que faire povois*
*Pour acquerir le bien que je sçavois*
*Tel, que sur tout estimer le devois.*
  *Estre blasmé*
*Je ne devrois d'estre tant enflammé*
*De vostre amour; car je fuz estimé*
*De vous sus tous, et plus que nul aymé.*
  *Content tresfort*
*Suis, dont Amour me feit faire l'effort*
*Dont me donnez (par trop aymer) le tort.*
*Parquoy content je suis, et vif et mort,*
  *Sachant que pas*

## LE TROISIEME GENTILHOMME.

*Ce ne fut vous qui rompistes les laz*
*De nostre Amour, où jamais le cœur las*
*Ne vous congnuz ; mais trop avant d'un pas*
   *Voulus marcher.*
*Content j'en suis : car j'estimois si cher*
*Ce que pensois pour jamais approcher,*
*Qu'Amour me feit essayer d'y toucher.*
   *De ceste offense*
*Content je suis, et de la resistence*
*Que m'avez fait; dont Honneur la defense*
*Seulement feit, par qui j'ay asseurance*
   *Que j'ay aymée*
*La Dame plus digne d'estre estimée*
*Qui onques fust, et la mieux renommée :*
*Qui ne sçauroit de nul estre blasmée,*
   *Ame, ne corps.*
*Or Adieu donc celle en qui tous thresors*
*Sont tant cachez, que par vous m'en vois hors*
*De tout malheur, content au rang des morts.*

## LE IIII. GENTILHOMME

SERA ce à l'œil de tant faulse nature
Que presenter je doy ceste escriture?
En fera il par pitié la lecture?
     Doy je point craindre
Que si ma lettre à sa main peult atteindre,
Faisant semblant de moquerie feindre,
Dedans un feu la mettra pour esteindre
     Mon juste dire?
En ceste bouche en voudra elle lire
La grand longueur, sans un peu se soubrire,
Ou se moquer, en disant mon martyre?
     Il en sera
Ce qu'advenir de chacun en pourra;
Devant voz yeux toutesfois passera
Ceste escriture, où le cœur pensera
     Maugré voz dents.
Ouvrez ma lettre et regardez dedens.
Ne craingnez point de voir les traitz ardens
De Cupido, dont vient tant d'accidens.

> *N'ayez pas peur*
D'y voir d'amour une grande douceur,
Qui enflammer puisse en rien vostre cœur ;
Car ma fin n'est que de declarer l'heur
> Entierement,
Que j'ay par vous receu bien longuement,
Par vous perdu, et si ne sçay comment,
Dont j'ay des deux parfait contentement.
> Car je suis seur
Que j'ay long temps eü tant de bien et d'heur,
Qu'il ne fut onc amy ne serviteur,
Sans offenser Dieu, vous, ny vostre honneur,
> Qui en ayt eu
Tant comme moy, et tant qu'il vous a pleu.
Je l'ay gardé en mon cœur, et receu
En tel honneur, que vous avez bien sceu.
> Car onques homme
Pour avoir eu des biens à sy grand somme
Ne m'en a veu avancer, sinon comme
Un serviteur, le moindre que l'on nomme.
> Car plus j'avois
D'heur et de bien, et plus au vray sçavois
Estre tenu de vous, tel que devois.
Onques mon œil, ma parole et ma voix
> Ne feit congnoistre
Ce qui au cœur estoit et devoit estre.
Car j'estois tant de mon visage maistre,

*Que bien souvent les plus fins faisois paistre*
*D'un faux semblant,*
*Qui leur alloit la verité emblant*
*Devant leurs yeux, en tournant et troublant*
*Leur jugement et leur regard tremblant.*
*Helas ! combien*
*J'estois heureux, quand de mon secret bien*
*Nul, tant fust fin, ne povoit sçavoir rien.*
*Et toutesfois plusieurs cerchoient moyen*
*De le cercher ;*
*Mais devant eux le sceu sy bien cacher,*
*Sans faire bruit, à parler ny marcher,*
*Que j'ay caché ce que j'ay tenu cher*
*Devant leurs yeux.*
*Et toutesfois de mon bien tout le mieux*
*L'on povoit voir de la Terre et des Cieux,*
*Car mon plaisir n'estoit point vicieux,*
*Ne mal honneste.*
*Vous sçavez bien que le long de ma queste*
*Je ne vous feiz jamais nulle requeste*
*Qui approchast de passion de beste*
*Desraisonnable :*
*Car plus m'estoit plaisant et aggreable*
*De voir ainsi nostre Amour honorable,*
*Qu'un fol plaisir, qui jamais n'est durable.*
*J'estois sy fort*
*Plein en mon cœur d'honneste reconfort,*

Que j'eusse mieux aymé souffrir la mort,
Que par priere, ou importun effort,
   Vous requerir
De ce que nul ne peult onc acquerir.
Car je sçavois que cent fois mieux mourir
Eussiez voulu, que de me secourir
   De telle sorte,
Dont à la fin est force qu'il en sorte
Un deshonneur, par qui vertu est morte,
Ou par peché d'Enfer passer la porte.
   Et, sur mon Dieu,
J'eusse trop mieux aymé brusler au feu,
Que me jouer à un sy fascheux jeu :
Car j'ay voulu tousjours tenir le lieu
   Du plus parfait
Vray serviteur que jamais Dieu ayt fait.
Et si j'en ay esté mal satisfait,
Si n'est ce point au moins par mon forfait :
   Car j'ay esté
A vous servir en tout temps appresté,
Bon, ou mauvais, ou yver, ou esté,
Sans qu'un seul pas je m'en sois arresté
   Par peur ny crainte.
Plus je vous ay aymée sans contrainte,
Et monstré par experience mainte
Ma passion, plus j'ay voulu de feinte
   Tousjours user.

*Ce n'estoit pas pour nully abuser,*
*Mais seulement verité refuser*
*A ceux qui vous eussent peu accuser*
        *D'une amour fole.*
*Je n'ay point craint pour moy ny leur parole,*
*Ne leurs courroux, despitz ou chaulde cole;*
*Mais j'ay bien craint que fussiez en leur rolle.*
        *Voilà pourquoy*
*J'ay bien souvent pour vous, non point pour moy,*
*Dissimulé; tant que nul, sur ma Foy,*
*De nostre Amour s'il eust dit : Je le croy,*
        *Il n'eust sceu dire :*
*J'en ay rien veu : car de parler, d'escrire,*
*De vous hanter, de regarder, de rire,*
*Je ne feiz onc rien dont vous fussiez pire.*
        *Ainsi long temps,*
*Que dy je long? mais court, ainsi l'entens,*
*Avecques vous j'ay vescu, des contens*
*Le plus heureux, ne prenant passetemps*
        *Ne nul plaisir,*
*Fors sans cesser de trouver le loisir*
*Et tant de bien et d'honneur me substraire?*
*Fust ce point moy qui vous en feis retraire*
        *Par quelque faulte;*
*Ou pour user d'une finesse caute,*
*D'un cœur leger, qui en plusieurs lieux saulte,*
*Ou d'un orgueil cerchant chose plus haulte*

Que je ne dois?
Ay je esté fier quand plus fort j'abondois
De roz biens faitz, et que mieux je cuydois
Estre venu au bien que pretendois?
Je dy au poinct
Là où jamais honneur blessé n'est point.
Car mon cœur n'a (combien qu'Amour l'ayt poingt)
Rien desiré, dont un (Dieu me pardoint)
J'en doive dire?
Ay je failly à parler, à escrire?
Ay je rien fait dont vostre honneur soit pire?
M'avez vous veu ou frequenter ou rire
En autre part?
J'entens faisant ou semblant ou regard
D'un qui se veult de vous tirer à part,
Ou bien ailleurs aymer, dont Dieu me gard.
Je le demande :
Car la raison (ce me semble) commande,
Si j'ay mal fait, que j'en paye l'amende,
Ou que celuy qui me tient tort s'amende.
Helas! nenny.
Pour mon malfait je ne suis pas bany,
Mais je suis plus qu'un malfaiteur puny,
Qui de tous maux et vices est garny.
Tous mes biensfaitz,
Tous mes labeurs, dont j'ay porté grand faix
(Bien que souffrir pour vous plainte n'en fais,)

*Ils sont punis comme cruelz forfaitz.*
   *Ce n'est pas moy*
*Qui le vous dis, car vanter ne m'en doy.*
*Mais, s'il vous plaist, vous toucherez au doy*
*Que de vous mesmes, en congnoissant ma Foy,*
   *Ma charité,*
*Ma grande Amour, pleine de purité,*
*Fustes contrainte à dire verité,*
*Disant qu'avois envers vous merité*
   *Tout le rebours*
*De voz cruelz et trop estranges tours,*
*Qui à peu près feirent finer mes jours.*
*Mais pour l'adieu de noz dures Amours*
   *Un mot me dites,*
*Où grand plaisir et grand honneur me feites :*
*C'est que jamais occasion ne veistes*
*Pour me laisser, ainsi le me promistes ;*
   *Et que n'aviez*
*Plus grand courroux, sinon que ne sçaviez*
*De vous compter mon louable desir.*
*Je ne povois un plus grand bien choisir,*
   *Mais ma fortune*
*Ne me voyant avoir tristesse aucune*
*En eut despit : et, pour m'en donner une,*
*L'occasion cercha tant oportune*
   *Et raisonnable,*
*Que contraint fuz vous prier qu'agreable*

Pour peu de temps eussiez mon lamentable
Eslongnement, et que pour veritable
   Pouviez tenir
Qu'incontinent me verriez revenir,
Vous suppliant, quoy qu'il peust advenir,
En mon estat d'Amy m'entretenir.
   Soudainement,
Sans m'en laisser parler plus longuement,
M'en feites un si naïf serement,
Que seur j'en fuz, et vous creuz fermement.
   Je me partis
D'avecques vous : las, je m'y consentis ;
Dont de vostre œil et cœur me divertis,
Comme font ceux qui sont mal advertis.
   Car qui tient tienne
Un si grand bien, et pour nul cas n'advienne
De le laisser. Amant, or t'en souvienne,
A fin que mieux que moy ton heur maintienne.
   O cruel temps !
Par ta longueur, qui me dura cent ans,
Moy qui estois le content des contents,
Tu me changeas en triste passetemps
   Toute ma joye.
Las, trop je fus en ceste triste voye
Et long chemin, bien que souvent j'avoye
Lettres de vous ; mais pas tout ne sçavoye.
   Pas tout, je dis ;

*Car voz effectz n'estoient telz que voz ditz :*
*Par voz escritz me donniez Paradis,*
*Et me forgiez un Enfer entendis.*
   *Moy revenu,*
*Je me doutay du malheur advenu :*
*Et nonobstant, comme j'estois tenu,*
*Je vous comptay le tout par le menu*
   *Tresprivément,*
*En vous priant me dire franchement*
*Vostre vouloir : lors me feistes serment*
*Que j'ayme mieux taire que nullement*
   *Ramentevoir,*
*Me promettant faire vostre devoir,*
*Et l'avoir fait; mais vous devez sçavoir*
*S'il est ainsi : quant à moy, j'ay peu voir*
   *Tout le contraire.*
*Mais qui vous feit de nostre Amour distraire*
*Cause sur moy ce que sçavoir deviez*
*Pour m'eslongner, mais que vous ne pouviez*
   *Autrement faire;*
*En me priant de me vouloir defaire*
*De vostre Amour; mais, pour vous satisfaire,*
*Je fuz contraint par douleur de me taire*
   *Et m'en aller.*
*O l'impiteux et incongnu parler,*
*Avez vous peu par sa bouche couler,*
*Et dens mon cœur, comme un trait, devaller*

   *Pour le blesser*
*Jusqu'à la mort ? O douleur sans cesser !*
*Quel dire à Dieu ! quel estrange laisser*
*Ce qui devoit jusques au trespasser*
   *Tousjours durer,*
*Dont tant de fois vous ay ouy jurer !*
*Le puis je bien sans mourir endurer ?*
*Ne dois je pas sans cesser murmurer ?*
   *Helas ! ouy.*
*Avoir d'un bien tel si long temps jouy,*
*Et d'un parler dont j'estois esjouy,*
*Lequel en fin au contraire j'ouy*
   *Changer propos !*
*Ce changement m'osta tout mon repos :*
*Je perdy voix, force, santé et poux.*
*Car pour le Pere, ou Parents, ou Espoux,*
   *Je n'eusse creu*
*Que vray Amour se consentir eust sceu*
*D'abandonner, ainsi que je l'ay veu,*
*Un serviteur sur lequel avez eu*
   *Toute puissance,*
*Sans avoir eu jamais nulle apparence*
*Qu'il ayt failly à vostre obeissance,*
*Ny envers vous commis aucune offense.*
   *Je fusse mort*
*Dix mille fois, ne fust un reconfort*
*Qui me contente et satisfait si fort ;*

*Parquoy content je me puys dire au fort :*
   *Car l'injustice*
*Que m'avez faite, ou par vostre malice*
*Ou mon malheur, ha esté sans nul vice*
*Par moy commis ; mais pour un bon service*
   *Que je vous feiz,*
*En vous servant moymesmes me desfiz :*
*Moy et mon cœur estions si tresconfitz*
*En vostre Amour. Onques à mere filz,*
   *Ne serf à Dame,*
*Ne desira (je le prens sur mon ame)*
*Tant obeïr, sans craindre peine ou blasme,*
*Ny estre mis mort pour vous soubs la lame,*
   *Comme j'ay fait.*
*J'ay obey, et entrepris un fait*
*Qui n'eust sans moy esté sy tost parfait.*
*J'ay fait pour vous ce dont je suis defait,*
   *Trop mieux aymant*
*De mon malheur vous voir contentement,*
*Que de faillir de faire un tour d'aymant.*
*En choisissant la peine et le tourment*
   *Pour le plaisir*
*Qu'il me sembloit que vous vouliez choisir,*
*J'ay satisfait en cela mon desir :*
*Car vous l'avez à vostre beau plaisir.*
   *Bien m'en doutois*
*Quand mon malheur advenir vous comptois ;*

*Mais aussi tost que je vous escoutois,*
*Il me sembloit (pour vray) que je mentois.*
           *Vostre cœur ferme,*
*Vostre parler, disant : Je vous afferme*
*De ne faillir jamais hors de ce terme ;*
*Et puis vostre œil, où souvent vy la lerme,*
           *M'asseuroit tant,*
*Que de ma mort quasi j'estois content,*
*Pour vous servir tousjours un peu doutant*
*Qu'il m'en pourroit en fin venir autant :*
           *Ce qu'à cest' heure*
*M'est advenu, dont nul (fors moy) ne pleure :*
*Nul n'en verra mon mal, que je ne meure.*
*Si c'eust esté après longue demeure*
           *Ou longue absence,*
*Si j'eusse fait quelque petite offense ;*
*Mais (vray amy) cerchant vostre presence,*
*M'avez banny; et pour ma penitence,*
           *Soudainement,*
*Après m'avoir asseuré par serment*
*Que vie ou mort, Amys ny firmament,*
*Ne me sçauroient, voire eternellement,*
           *Oster la place*
*Là où j'estois de vostre bonne grace.*
*Quoy que ce soit, ou pour en estre lasse,*
*Ou pour changer, ou à fin que laissasse*
           *Mon entreprinse,*

*Plus ne vous ay : un autre vous ha prise.*
*Content j'en suis, car vous serez reprise,*
*Et moy nombré entre ceux que l'on prise*
   *De bien aymer.*
*J'eusse voulu mourir dens ceste Mer*
*D'aspre douleur, sinon pour vous blasmer*
*Et vous contraindre à jamais m'estimer.*
   *Car, en vivant,*
*Je vous feray confesser bien souvent*
*Vostre parler menteur et decevant,*
*Et moy un vray, parfait, loyal servant.*
   *Ce que je dis*
*N'est esperant retourner où jadis*
*Du laid peché de vostre aspre rigueur,*
*D'avoir sy dure et sy forte langueur*
   *Pour recompense*
*De tous mes maux ; que ceste penitence*
*Vous donne lieu et seure demeurance,*
*Où je seray par grand perseverance.*
   *Car le meffait*
*Estre ne peult autrement satisfait,*
*Fors que celuy qui l'ha commis et fait*
*Soit repentant d'un cœur non contrefait.*
   *Si vostre pleur*
*Est aussi grand que je tiens mon malheur,*
*Vous en perdrez santé, force et couleur.*
*Aussi cela sera de grand valeur*

*Pour parvenir*
*Où pour jamais il nous convient tenir.*
*Mais toutesfois, avant que d'y venir,*
*La charge auray de vous entretenir,*
*En nostre histoire*
*Ramentevoir devant vostre memoire.*
*Lors je seray vostre vray Purgatoire,*
*En vous monstrant vostre peché notoire*
*Et trop cruel.*
*Ainsi qu'Enfer (hors le perpetuel)*
*M'avez esté, rompant le mutuel*
*Et doux lien, pour un Adieu mortel.*
*Pour cest Adieu*
*Je vous rendray tel Dieugard en son lieu,*
*Que le regret vous servira d'un feu*
*Au prys duquel tout tourment n'est que jeu.*
*Car clerement*
*Ma grande Amour verrez entierement,*
*Et vostre tort : dont aurez tel tourment*
*Que j'ay souffert pour vous injustement.*
*Lors, vous plourant,*
*Je vous iray le temps rememorant,*
*L'aise et l'honneur, que j'allois adorant*
*Lors que j'estois avec vous demourant*
*Le doux racueil*
*Que j'eu de vous, et de parole et d'œil,*
*Chassant de moy tristesse, ennuy et dueil,*

Laissant malheur mort dedens son cercueil;
　　　　Puis la hantise
Au long aller, qui fut de telle guise,
Que vous pouviez voir mon cœur sans feintise,
Et sy caché, que celuy qui devise
　　　　Ne sceust que c'est;
Et moy le vostre aussi, non tel qu'il est,
Mais tel qu'il fut, sy parfait que ce m'est
Grand desplaisir qu'il n'ha eu plus d'arrest.
　　　　Après la main
Qui me donna don sy digne et humain
J'ay esté trop, qui m'estoit Paradis.
Mais pour punir sans cesser entendis
　　　　Le tour estrange
Que m'avez fait : et, si je ne m'en venge,
Je serois plus parfait que Saint ny Ange.
Car puis qu'il fault qu'à vous laisser me renge,
　　　　Pour vous complaire
Je le feray, non pour me satisfaire;
Et ne lairray de service vous faire.
Mais quelquefois je ne me pourrois taire,
　　　　Ramentevoir
Que vous n'avez pas fait vostre devoir.
Et si bonté en vous ha nul povoir,
Toutes les fois que vous me pourrez voir,
　　　　Devriez sentir
Douleur au cœur, faisant dehors sortir

*Couleur honteuse, ayant d'un tel mentir*
*Usé à un qui vrayement martyr*
   *Est fait par vous.*
*Or rougissez, ma Dame, à tous les coups,*
*Et si frappez vostre cœur à grans coups,*
*Vous repentant que le parfait de tous*
   *Les vrays Amans*
*Avez livré à tous maux et tourmens*
*Les plus cruelz et les plus vehemens*
*Qui furent onc : Dieu sçait bien si je ments ;*
   *Et ma douleur,*
*Sentez la tant vivement dans le cœur,*
*Que le malheur, qui est de moy vainqueur,*
*Le soit de vous, tant que par sa rigueur*
   *Puissiez mourir.*
*Lors me verrez droit à la Mort courir ;*
*Car nul de nous je ne veux secourir.*
*Mourons tous deux : par cela puys guarir,*
   *Non autrement.*
*Moy, pour avoir receu commandement*
*De vous laisser, dit trop cruellement ;*
*Vous, pour avoir eu parfait sentiment*
   *De vostre faulte ;*
*Moy, pour avoir entreprinse trop haulte ;*
*Vous, pour avoir esté trop fine et caute :*
*Douleur fera que l'un et l'autre saulte*
   *Le pas de Mort,*

*Moy par douleur, et vous par vostre tort.*
*Lors sera fait de vous et moy l'accord,*
*Et conterons noz douleurs au seur port*
   *D'eternité!*
*Là nous sera à chacun limité*
*Le bien qu'avons vous et moy merité.*
*Et si je suis loué de verité,*
   *D'amour, d'honneur,*
*Penez vous donc, sentant la grand aigreur*
*Que c'estoit trop, si n'eust esté en vain;*
*Car Foy ne doit congnoistre nul demain,*
   *Ne changement.*
*Je la receu en tel contentement*
*Que, transporté d'un plaisir vehement,*
*Je vous serray sy fort et fermement,*
   *Que vostre voix,*
*Par la douleur que pas je ne sçavois,*
*Me feit laisser ce que tenir devois,*
*Où paroissoit, comme voir je povois,*
   *Marque d'amy,*
*Que plaisir fait resver comme endormy.*
*Je vous diray après, non à demy,*
*Tous les bons tours que me feites parmy,*
   *Qui tant et tant,*
*Tant et sy fort me rendirent contant*
*Que par escrit ne les iray contant;*
*Car au nombrer j'en serois mescontant.*

  *Mais à vous seule,*
*A qui il fault que de mon mal me deulle,*
*Je diray tout, jettant dehors la meule*
*De mes ennuys, qui onques par la gueulle*
  *Ne print passage.*
*Là vous verrez vostre honneste langage,*
*Vostre regard monstrant vostre courage,*
*Dont vous n'estiez moins vertueuse et sage.*
  *Je vous diray*
*Le temps, les lieux, et jà n'en mentiray*
*Pour nulle peur; aussi ne vous tairay*
*Où des dangers point ne me retiray,*
  *Que pour veiller,*
*Lever matin, jeusner et travailler,*
*Ne vous ay veu desir de sommeiller,*
*Mais l'œil joyeux, digne de reveiller*
  *Un demy mort.*
*Et si j'avois besoing de reconfort,*
*Vous en faisiez un sy honneste effort*
*Que j'estois seur que vous m'aymiez bien fort.*
  *Pour tous ces biens*
*Et autres maintz, que par grace je tiens*
*Venuz de vous, jamais je ne feiz riens*
*Qui deust de vous rompre les doux lyens*
  *Ne la coustume.*
*Et, jusqu'à tant que par grand regret fume*
*Le feu en vous qui tout peché consume,*

*Je ne lairray, par parole et par plume,*
   *Dire tousjours,*
*Premierement tous vos honnestes tours,*
*Tant differents de ces foles amours;*
*Puis, sans raison, le contraire et rebours.*
   *Mais, quand brusler*
*Je vous verray par mon piteux parler,*
*Et verité, qui ne peult rien celer,*
*Fera ruysseaux de larmes devaller*
   *De voz doux yeux,*
*Vous repentant, je ne demande mieux.*
*Lors vous et moy ensemble irons aux cieux,*
*Où (possible est) n'en trouverons deux tieux*
   *Qu'avons esté.*
*Content seray, et suis, et ay esté,*
*D'avoir servy, ou yver ou esté,*
*Celle de qui je fuz si bien traité.*
   *Content demeure*
*Qu'elle congnoist mon mal, et qu'elle en pleure,*
*Recongnoissant sa grand' faulte passée;*
*Mais plus content cent fois seray à l'heure*
*Qu'en Paradis la tiendray embrassée.*

# COMEDIE

DEUX FILLES, DEUX MARIÉES, LA VIEILLE,
LE VIEILLARD
ET LES QUATRE HOMMES

La premiere Fille commence.

Tout *le plaisir et le contentement*
*Que peult avoir un gentil cœur honneste,*
*C'est liberté de corps, d'entendement,*
*Qui rend heureux tout homme, oyseau ou beste.*
*Malheureux est qui, pour don ou requeste,*
*Se veult lyer à nulle servitude.*
*Quant est de moy, j'ay mise mon estude*
*D'avoir le corps et le cœur libre et franc.*
*Il n'y ha nul qui par solicitude*
*Me sceust jamais oster ce digne ranc.*

### La seconde Fille.

O qu'ilz sont sotz et vuydes de raison,
Ceux qui ont dit une amour vertueuse
Estre à un cœur servitude et prison,
Et, pour aymer, la Dame malheureuse !
Leur faux parler ne me rendra paoureuse
D'aymer tresfort, sachant que tout le bien,
Au prys d'Amour, se doit estimer rien :
Car qui Amour ha dans son cœur enclose,
Il trouvera liberté son lyen,
Et ne sçauroit desirer autre chose.

### La I. Fille.

Mieux me vaudroit tenir la bouche close
Que soustenir qu'il vault mieux à un cœur
D'estre vaincu, que d'estre le vainqueur
De ceste Amour que vous louez si fort.

### La II. Fille.

Comme vaincu? Mais il en est plus fort :
Car le cœur seul, sans Amour, n'est que glace ;
Amour est feu, qui donne lustre et grace,
Vie, vertu, sans qui le cœur n'est rien.

### La I. Fille.

La liberté est suffisant moyen

*Pour dechasser du cœur et paour et honte,*
*Et, quand à moy, je ne puis faire compte*
*De riens qui soit qui le puisse arracher*
*Hors de mon cœur.*

### La II. Fille.

*Je ne veux point tascher*
*De vous oster ceste vertu aymée :*
*Mais je dis bien, que liberté aymée*
*Doit estre Amour.*

### La I. Fille.

*Or, pour conclusion,*
*Vous soustenez Plaisir et Passion*
*Estre tout un, ce que ne puis entendre ;*
*Mais Liberté m'a tresbien fait apprendre*
*Que tout plaisir en elle on peult trouver.*

### La II. Fille.

*Mais c'est Amour qui le fait renouver,*
*Car quand je puis auprès de moy tenir*
*Celuy que j'ayme, mal ne me peult venir,*
*Et tous les maux qui me sont advenuz,*
*Je ne sçay plus lors qu'ilz sont devenuz.*
*En ceste Amour et en ce grand plaisir,*
*La Liberté seule se peult choisir.*

### La I. Femme mariée

*Il fait grand mal à femme honneste et sage,*
*Qui craint son Dieu et ayme son honneur,*
*Quand son Mary par un meschant langage*
*Ignorer veult la bonté de son cœur.*
*Si ma beauté merite un serviteur*
*De qui je suis honorée et aymée,*
*En dois je moins (pourtant) estre estimée,*
*Puis que mon cœur n'est de vice taché?*
*Non : mais plustost devrois estre blasmée*
*Si je faisois de non pecher peché.*

### La II. Femme mariée.

*De vraye Amour autre Amour reciproque,*
*C'est le parfait de son plus grand desir.*
*Mais si Amour de l'autre Amour se moque*
*Pour autre Amour trop moins digne choisir,*
*C'est un ennuy qui ne donne loisir,*
*Temps ne repos pour trouver reconfort.*
*Le desespoir est pire que la mort,*
*Et jalousie est un vray desespoir.*
*O Foy rompue et trop apparent tort,*
*Par vous me fault pis que mort recevoir!*

### La I. Femme.

*Or sus, ma sœur, vous pensez donc avoir*

*Un plus grand bien, que nommez jalousie ;*
*Mais ce n'est riens que d'une fantasie,*
*Au prys du mal que maugré moy je porte.*
*Cent fois le jour je souhaite estre morte,*
*Car mon Mary si tresfort me tourmente,*
*Et sans raison, qui plus me malcontente :*
*Il ha grand tort.*

### La II. Femme.

*Vostre mal n'est qu'au corps.*
*Il est bien doux, puis qu'il est par dehors,*
*Car vous n'avez peine que d'escouter.*
*S'il vous failloit dens vostre cœur gouster*
*L'amer morceau que je mache à toute heure,*
*Vous diriez bien que, si je plains et pleure,*
*J'ay bien raison.*

### La I. Femme.

*Raison, que dites vous ?*
*Estre au matin, au seoir, à tous les coups*
*Injuriée, blasmée et plus reprise*
*Qu'une vilaine en adultere prise,*
*Moy qui suis tant femme de bien, helas !*
*Me nommer telle ? Ah ! je ne le suis pas :*
*Le cœur m'en part.*

### La II. Femme.

*Le mien aussi me creve ;*

*Car ceste Amour, qui ne fait jamais trefve,*
*Me fait aymer, qui aymée ne suis.*
*Il ayme une autre, et souffrir ne le puis.*

### La I. Fille.

*Mais que peuvent ces deux femmes tant dire ?*

### La II. Fille.

*Mais d'où leur vient si triste contenance ?*

### La I. Femme.

*Quelle raison fait ces filles tant rire ?*

### La II. Femme.

*D'avoir plaisir monstrent grande apparence.*

### La I. Femme.

*Sachons un peu la cause de leur joye.*

### La II. Femme.

*Je le veux bien.*

### La I. Femme.

*Filles, celuy vous voye*
*Qui peult donner tout bien d'un seul regard !*

### La I. Fille.

*Dames, aussi celuy mesmes vous gard!*
*En vous pensons regner melancolie.*

### La II. Femme.

*Et nous voulons sçavoir si de folie*
*Ou de vertus vous parlez en riant.*

### La II. Fille.

*Mais nous voyant ainsi pleurant, cryant*
*Voudrions sçavoir si plus grand vostre riz*
*Est que l'ennuy, qui fait nos cœurs marriz.*

### La Vieille.

*Le temps, qui fait et qui defait son œuvre,*
*M'a, cent ans ha, à son escolle prise.*
*Son grand tresor, qu'à peu de gens descœuvre,*
*M'a descouvert, dont je suis bien apprise.*
*Vingt ans aymay liberté, que l'on prise,*
*Sans point vouloir de serviteur avoir.*
*Vingt ans après, d'aymer feiz mon devoir;*
*Mais un tout seul, pour qui seul j'estois une,*
*Me fut osté, maugré tout mon vouloir,*
*Dont soixante ans j'ay pleuré ma fortune.*

### La I. Femme.

*Voilà une Dame autentique :*
*Quel habit ! quel port ! quel visage !*

### La II. Femme.

*Helas, ma sœur, qu'elle est antique !*

### La I. Fille.

*Voilà une Dame autentique.*

### La II. Fille.

*Cent ans apprend bien grand' pratique.*
*O qu'elle devroit estre sage !*

### La I. Femme.

*Voilà une Dame autentique.*
*Quel habit ! quel port ! quel visage !*

### La II. Femme.

*Or, faisons vers elle un voyage :*
*Nous n'en pouvons que mieux valoir.*

### La I. Fille.

*En bonne Foy, j'ay grand vouloir*
*D'escouter sa sage doctrine.*

### La II. Fille.

*Mais comme elle tient bonne mine !*
*Allons luy donner le bon jour.*

### La I. Femme.

*Celuy qui au Ciel fait sejour,*
*Et en terre ha l'autorité,*
*Vous doint toute prosperité !*

### La Vieille.

*Mes filles, luy, qui ha puissance,*
*Donne à voz cœurs la congnoissance*
*De luy, et de vous mesme aussi !*
*Qui vous ameine en ce lieu cy ?*
*Je vous requiers ne le celer.*

### La II. Femme.

*Desir de vous ouyr parler*
*Et de vous quelque bien apprendre,*
*Et aussi pour vous faire entendre*
*Quelque debat en quoy nous sommes.*

### La Vieille.

*Helas ! j'ay des ans si grans sommes*
*Que je croy que mon vieil langage*
*N'est plus maintenant en usage,*
*Et qu'à peine l'entendrez vous.*

### La I. Fille.

*Ne prenez, Madame, de nous*
*Ennuy à noz debats ouyr.*

### La II. Fille.

*Nous esperons nous resjouir*
*Par vostre tressainte parole.*

### La Vieille.

*Afin donc que je vous console,*
*Chacune face son devoir*
*De me dire et faire sçavoir*
*Son cas pour y donner conseil.*
*Hastez vous comme le Soleil,*
*Car le serain est dangereux*
*A mon vieil cerveau caterreux.*
*Et, par ma grande experience,*
*Je vous diray en conscience*
*Ce que faire il vous conviendra,*
*Et qu'à chacune il adviendra.*

### Toutes ensemble.

*Qui commencera de nous quatre?*

### La Vieille.

*La plus sage, sans plus debatre.*

### La I. Femme.

*Ce sera moy.*

### La II. Femme.

*Et moy aussi.*

### La I. Fille.

*Vrayment, mes Dames, grand mercy.*
*Vous estes sages, et nous foles.*

### La II. Fille.

*Sages se disent de paroles ;*
*Mais nous le sommes par effect.*

### La Vieille.

*Pour mettre ordre sur tout ce fait,*
*Vous, la premiere en mariage,*
*Me declarez vostre courage.*

### La I. Femme.

*J'ay un Mary indigne d'estre aymé :*
*Je l'ayme autant que Dieu me le commande.*
*Un Serviteur, d'autre part, estimé*
*Sans fin me cerche et ma grace demande.*
*Honnesteté l'honneur me recommande,*
*Lequel je tiens ferme dedens mon cœur ;*

*Mais ce Mary me fait payer l'amende*
*Où je n'ay fait ny peché ny erreur.*
*Devant chacun parle à mon Serviteur,*
*Qui ne me veult qu'obeïr et complaire,*
*Si sagement que, hors un faulx menteur,*
*Nul ne me peult accuser de mal faire.*
*Las, ce fascheux bien souvent me fait taire,*
*Où le parler me plairoit beaucoup mieux,*
*Et destourner, pour mieux le satisfaire,*
*D'un lieu plaisant en grand regret mes yeux :*
*Car, s'il m'y voit parler, tout furieux,*
*Devant les gens fait myne si estrange*
*Que force m'est, suyvant les aymez lieux,*
*Qu'un bon propos en un fascheux je change.*
*C'est un ennuy qui mon cœur ronge et menge.*
*Mais quand je veux ce malheur eviter,*
*Et que du tout à son vouloir me renge,*
*Pour le garder de tant se despiter,*
*Sans faire rien qui le puisse irriter,*
*Il entre lors en plus grand resverie*
*De jurer Dieu, de Diables inviter,*
*De m'accuser de toute menterie.*
*Et si seroit folie ou moquerie*
*De le penser appaiser par douceur.*
*Il n'a repos que de me voir marrie,*
*Et mon repos augmente sa fureur.*
*Cent mille noms, pour croistre ma douleur,*

*Me va nommant, dont le moindre est : meschante.*
*Helas ! c'est bien sans raison ny couleur :*
*Car je suis trop de ce vice innocente.*
*Voilà le chant que nuict et jour me chante.*
*J'endure tout, et si n'y gaigne rien.*
*Mais la vertu, et l'honneur, qui m'enchante,*
*Me font souffrir dire ne sçay combien.*
*Si seray je tousjours femme de bien,*
*Ce qu'il ne croit, dont il me tient grand tort.*
*Mais je ne puys trouver un seul moyen*
*Pour recevoir, ny donner reconfort*
*A mon amy, qui m'ayme si tresfort ;*
*Car je crains trop honneur et conscience.*
*Durer ne puis sans secours, ou sans mort :*
*Je perds le sens, raison et patience.*

## La II. Femme.

*Si mon ennuy il vous plaist d'escouter,*
*Qui dens mon cœur ha prins source et naissance,*
*Possible n'est que vous puissiez douter*
*Que vous ayez jamais eu congnoissance*
*De nul plus grand. Car j'ay eu jouissance*
*Du plus grand heur qui m'eust sceu advenir.*
*Mais quoy ? le temps, par sa longue puissance,*
*M'a fait cest heur tout malheur devenir.*
*Car plus parfait ne sçauroit soustenir*
*Que mon mary ceste mortelle terre.*

Je le pensois toute seule tenir :
Las, je voy bien que trop folement j'erre.
Il ayme ailleurs : voilà ma mort, ma guerre ;
Je ne le puys souffrir, ne comporter.
Je prie à Dieu qu'un esclat de tonnerre
Sa Dame ou moy puisse tost emporter.
Je ne voy rien pour me reconforter.
Par tout le cerche, et de le voir j'ay crainte.
Car je ne puys, le voyant, supporter
Qu'il ayme ailleurs à bon escient sans feinte.
Pour quelque temps je me suis bien contrainte
De l'endurer, celant ma passion,
Pensant qu'au jour il y ha heure mainte,
Et qu'amour fust jointe à mutation.
Rien n'a servy ma bonne intention,
Je l'ay perdu : il ha une maistresse
Qui de son cœur prend la possession.
Il est bien vray que le corps seul me laisse.
Son corps sans cœur augmente ma tristesse.
Plus j'en suis près, moins j'y prens de plaisir.
Sy j'en suis loing, mon cœur souffre destresse,
Car de le voir sans cesser j'ay desir
Soit près ou loing, je n'ay que desplaisir.
Et le pis est que mon amour augmente
Tant, que ne scay lequel je dois choisir,
Voir ou non voir, car chacun me tourmente.
Toute la nuict sans dormir me lamente,

*En regrettant l'amytié incongnue*
*Que je luy porte, dont sa nouvelle amante*
*La joye en prend qu'autrefois ay receue.*
*Je brusle, et ards; je me morfonds, je sue,*
*En fievre suis : mais mon seul Medecin,*
*Qui me pourroit du tout guarir, me tue.*
*Et cy feray de ma pleinte la fin.*

### La I. Fille.

*Liberté honneste*
*A garder suis preste,*
*Sans m'en divertir.*
*Amour et folie*
*De melancolie*
*Ne se peult sortir.*
*Quand j'ay ouy parler,*
*Venir, et aller*
*Ces folz amoureux,*
*Je me prens à rire,*
*Et à part moy dire*
*Qu'ilz sont malheureux.*
*Fy d'affection,*
*Fy de passion*
*Qui le cœur tourmente!*
*Mon cœur est à moy.*
*Je n'ay mis ma Foy*
*En don ny en vente.*

J'ay, quoi que je voye,
Le cœur plein de joye
Et de vray plaisir.
Si quelqu'un m'empesche,
Soudain m'en depesche
Pour repos choisir.
J'ayme mon repos,
Je fuy les propos
D'amour et sa bande.
Et qui me priroit
D'aymer, il n'auroit
Rien que sa demande.
J'ayme verité,
J'ayme pureté
De cœur et de corps.
Passion, Amour,
N'y fait nul sejour :
Je les metz dehors.
Des jaloux me rie :
Des fascheux marrie,
Tresbien mon temps passe.
D'un Amour transy
Qui requiert mercy
Contrefaitz la grace.
Je me moque d'eux,
Et nully ne veux
Pour mon serviteur :

Car leur amytié,
Hayne ne pitié
Ne me touche au cœur.
Leur cachez secretz,
Leur piteux regretz
J'escoute tresbien ;
Mais de mon courage
Je suis bien si sage
Qu'ilz n'entendent rien.
J'ay bien grand desir
De faire plaisir
A qui le merite.
Desolation,
Par compassion,
A joye je incite.
L'orgueil je rabaisse ;
Les Amoureux laisse
Sans point les hanter.
S'ilz pleurent ou prient,
Tant plus fort ilz crient,
Me prens à chanter.
Bref, je n'ay soucy
Un seul (Dieu mercy)
Qui le dormir m'oste.
Qui ayme le vice,
Folie ou malice,
Las, que cher leur coste !

*Liberté garder*
*Veux, sans m'hazarder*
*De jamais aymer.*
*Ayme qui voudra :*
*En fin les faudra*
*Tous desestimer.*

## La II. Fille.

*L'Amour vertueuse*
*(Non point vicieuse)*
*Je veux soustenir,*
*Qui n'est moins duisante*
*Que belle et plaisante*
*L'on la doit tenir.*
*Quand Amour s'attache*
*Au cœur qui n'a tache*
*De meschanseté,*
*Il luy donne grace,*
*Parole et audace*
*Pour estre accepté.*
*Sans Amour, un homme*
*Est tout ainsi comme*
*Une froide Idole.*
*Sans Amour, la Femme*
*Est fascheuse, infame,*
*Mal plaisante et folle.*
*Amour en tournois*

*Fait porter harnois
Et rompre les Lances,
Piquer les Chevaux,
Faire les grands saultz
Et tenir les dances.
Qui n'ayme bien fort,
Il est salle et ort
Et tresmal vestu,
De bien est forclus
Et ne vault pas plus
Qu'un povre festu.
J'ayme et suis aymée,
Prisée, estimée
D'un honneste et sage,
Lequel aymer veux.
J'en ay fait les vœux
Le long de mon aage.
Tousjours en luy pense,
Et n'ay contenance
Ne bien qu'à le voir.
Loing de luy j'escritz,
Et en pleurs et criz
Fais bien mon devoir.
Puis, quand le revoy
Assis près de moy,
Escoutant ses ditz,
J'y prens tel plaisir*

## COMEDIE.

*Que je n'ay desir*
*D'estre en Paradis.*
*Mon cœur n'est plus mien,*
*Il s'en court au sien.*
*Mais le changement*
*Me donne tant d'ayse,*
*Que mes maux j'appaise*
*Tout en un moment.*
*Quoy que l'on me face,*
*Tourment ou menace,*
*Le tout en gré prens.*
*D'Amour mon cœur vole :*
*C'est la bonne escole*
*Où tout bien j'apprens.*
*Je ne pense pas*
*Faire tour ne pas*
*Sans penser en luy.*
*Il est de mes maux,*
*Peines et travaux,*
*Refuge et appuy.*
*Qui tient donc Amour*
*Pour prison et tour.*
*Il ha tresgrand tort.*
*Amour je soustiens*
*Cause de tous biens*
*Jusques à la mort .*
*Car la servitude,*

*La peine ou l'estude*
*Qui est en Amours*
*M'est liberté, joye,*
*Pourveu que je voye*
*Mon amy tousjours.*

## La Vieille.

*Mes Filles, tous vos differentz*
*J'ai maintesfois veu sur les rancz;*
*Telz debatz nouveaux ne me sont,*
*Assez y en ha qui en ont,*
*Et de plus grans ont soustenus,*
*Lesquelz devant moy sont venuz.*
*Et moy, qui congnois la racine*
*De tous ces cas, la medecine*
*Leur ay tresbien sceu ordonner.*
*Car à vous j'espere donner*
*Advertissement profitable.*
*Vous, qui souffrez mal importable*
*D'un mary fascheux et jaloux,*
*Je vous requiers, appaisez vous:*
*Car le temps l'ayde vous fera,*
*Et dedens son cœur deffera*
*L'opinion, dont la beauté*
*Est cause de sa cruauté;*
*Ou bien s'il est veau ou beste,*
*Qu'il n'ayt raison, cerveau ne teste*

*Pour recevoir nulle science.*
*Aussi, si vostre patience*
*Ne peult plus endurer, d'un veau*
*Faites un tresplaisant oyseau :*
*Car si ne le faites voller,*
*Il ne vous scauroit consoler.*
*Mais en chantant le temps, qui pleure,*
*A tout le moins aurez une heure*
*Qui vous fera les vingt et trois*
*Supporter en oyant sa voix.*
*Car le soupesonneux meschant*
*Merite bien chanter ce chant.*
*Ne pensez pas pour vous tuer,*
*Et à bien faire esvertuer,*
*A raison jamais le renger ;*
*Mais il le fault du tout changer.*
*S'il est changé, et vous aussi,*
*Vous sortirez hors de soucy.*
*Vous n'aurez consolation*
*Qu'en ceste transmutation.*

## La I. Femme.

*Ma Dame, j'ayme mieux souffrir,*
*Et à tourment et mort m'offrir,*
*Nonobstant sa meschanseté,*
*Que faire un tour de lascheté.*

### La Vieille.

*Bien, bien, le temps y pourvoira :*
*Car, quand bien laide vous verra,*
*Autant qu'il en fait trop de compte,*
*Vous laissera, dont aurez honte;*
*Car d'un fascheux naïvement*
*Ne viz jamais amendement.*

### La II. Femme.

*Et moy, qui mon Mary desprise,*
*Seray je point de vous apprise ?*

### La Vieille.

*Ouy vrayement : c'est bien raison.*
*Vous voulez estaindre un tyson*
*Avant la nuit; mais mieux vaudroit*
*Le laisser bruslant que tout froid*
*Vostre Mary plein de feu vif,*
*S'il ayme ailleurs d'un cœur naïf,*
*C'est vray signe qu'il n'est pas mort.*
*Bien qu'il vous tienne un peu de tort*
*En autre lieu tant sejourner,*
*Au moins il vous peult retourner,*
*Et ne vous en traite pas pis.*
*Le voudriez vous sur le tapis*
*Tout le long du jour bien couché,*

## COMEDIE.

*Et son œil à plaisir bouché*
*Sans pouvoir nulle beauté voir ?*
*Laissez luy faire son devoir,*
*Puis que rien ne vous diminue.*
*Ne craingnez point la continue,*
*Le temps la tournera en quarte.*
*N'ayez peur que tant il s'escarte*
*Qu'au logis groz d'enfant revienne.*
*Faites comme luy, qui tient tienne :*
*Car la loyauté vous tourmente.*
*S'il est Amant, soyez Amante.*
*Quand il n'aymera rien que vous,*
*N'aymez aussi que vostre espoux :*
*Car il vous doit servir d'exemple.*
*Vostre Amour est un peu trop ample,*
*Et n'est pas egale à la sienne.*
*C'est fait en Juifve ou Payenne*
*D'estre ainsi de son Mary serve.*
*Rien ne guerira vostre verve,*
*Que de l'aymer tout en la sorte*
*Qu'il vous ayme, ou vous estes morte :*
*Où peu, peu ou prou ; où point, point.*
*Et si vous ne gaignez ce poinct,*
*Vous ne ferez que tracasser*
*Cœur et corps, et membres casser.*
*Le temps, par qui esperez mieux,*
*Le vous rendra si laid, si vieux,*

Que mal vous en contenterez,
Et bien souvent souhaiterez
Estre jalouze, et qu'il fut fort.
Mais plustost trouverez la mort
Que de retourner en jeunesse.
Toutesfois s'Amour ou vieillesse
Mettoit à vostre douleur fin,
Trompé y sera le plus fin.

### La II. Femme.

Vous me donnez peu d'esperance.
Après une longue souffrance,
Vous me promettez un tourment
Ou un remede, promptement,
Que mon cœur ne sçauroit vouloir.

### La Vieille.

Il ne vous fault donc plus douloir,
Car j'ay dit ce qui se peult faire.

### La I. Fille.

Madame, et puis de mon affaire.
Je suis bien, je m'y veux tenir.
Que sera ce de l'advenir?

### La Vieille.

Que ce sera? Helas! m'amye,

*Je voy que vous ne sçavez mye
La grand' puissance qu'a le temps.
Hau, que j'en ay veu de contens
Qui n'eussent sceu souhaiter mieux !
Mais tout soudain du hault des Cieux
Les ay veu descendre bien bas.
Je prise et loue voz estats.
La vertu, qui vous rend parfaite,
Vous ha ainsi joyeuse faite.
Toutesfois, ne l'autorisez
Tant, que les autres desprisez.
Amour est un fin et faux Ange
Qui trescruellement se venge
De ceux qui de luy n'ont fait compte :
Car un orgueilleux craint la honte.
Plus il vous voit honneste et belle,
Envers luy cruelle et rebelle,
Plus il desire droit frapper
En vostre cœur et l'attrapper ;
Ce que jusques icy n'ha fait,
N'ayant trouvé nul si parfait
Qui meritast vostre amytié.
Si une fois vostre moytié
Amour met devant voz beaux yeux,
Onques personne n'ayma mieux
Que vous ferez, j'en suis certaine.
Ce sera la bonté haultaine,*

Qui par le temps y pourvoyra.
Jusques là l'on ne vous verra
Aymer : car vous estes trop fine,
Je le voy bien à vostre myne,
Car de rien ne faites semblant.
Amour, qui va les cœurs emblant,
Et le temps, qui doucement passe
Sans que vostre vertu s'efface,
Vous feront changer de propos,
Trembler le cœur, battre les poux,
Et sentir le doux et l'amer
Que l'on peult souffrir pour aymer.

### La Fille.

Je n'en croy rien : je tiendray ferme,
Ne jà n'auray à l'œil la larme
Pour souffrir nulle passion,
Ne d'Amour ny d'affection.

### La Vieille.

Vous ne trouvez, par ignorance,
A ma prophetie apparence ;
Mais, quand le cas vous adviendra,
De la Vieille vous souviendra.

### La II. Fille.

Je crains, Madame, et veux sçavoir

*Si le temps aura le pouvoir*
*De changer ma grand' amytié.*

### La Vieille.

*Fille, vous me faites pitié,*
*Car vostre grand contentement*
*Ne sçauroit durer longuement.*
*Le cœur d'un homme est si muable,*
*Le temps est si tresvariable,*
*Les occasions qui surviennent,*
*Les paroles qui vont, et viennent,*
*Qu'impossible est qu'Amour soit ferme,*
*Combien qu'il le jure et afferme.*
*Las, ma Fille, il m'a bien menty !*
*Il me presenta un party,*
*Au printemps de ma grand' jeunesse,*
*Tel qu'au Ciel n'y avoit Deesse*
*A qui j'eusse changé mon lieu.*
*Mon amy j'aymois plus que Dieu,*
*Et de luy pensois estre aymée,*
*Dont de nully n'estois blasmée.*
*Or voyez que le temps m'a fait :*
*Un serviteur si tresparfait*
*Il m'a osté sans nul respit,*
*Dont j'ay souffert si grand despit*
*Que, soixante ans ha, le regrette.*
*Vieille je suis, mais je souhaite*

Souvent le bien que j'ay perdu,
Mon malheur avez entendu,
Qui de mon cœur n'est arraché.
Vous n'en aurez meilleur marché :
Car le temps, qui vous fait present
D'aise et plaisir à present,
Ainsi qu'il ha d'Amour le feu
Dens vostre cœur mis peu à peu,
Ainsi peu à peu l'estaindra :
Dont telle douleur soustiendra
Vostre esperit et vostre corps,
Que l'Ame en saillira dehors,
S'elle n'est de Dieu arrestée.
Helas! je vous voy apprestée
De souffrir autant de tourment
D'amour que de contentement.

### La II. Fille.

Hau, grand Vieille, qui vous croiroit
En grand' peine et douleur seroit.
Mais plustost la Mer haulseroit
Et le hault Ciel s'abbaisseroit,
Qu'il m'advint fortune pareille.
Je ne croy point ceste merveille.

### La Vieille.

Ma fille, par là passerez,

*Et alors contrainte serez*
*Dire : la Vieille le m'a dit.*

### La II. Fille.

*Hau, de Dieu soit mon cœur maudit*
*Si je croy en vostre parole !*

### La I. Fille.

*Ny moy, je ne suis pas si fole :*
*Elle ne produit que malheur.*

### La Vieille.

*Ha, vous aurez un serviteur*
*Qui vous fera propos changer.*

### La I. Fille.

*J'aymerois mieux vive enrager.*
*Mon cœur sans amour demourra,*
*Et libre vivra et mourra :*
*J'en fais la figue aux amoureux.*

### La I. Femme.

*Mon cœur craintif et desireux*
*Ne sçait quel moyen il doit prendre,*
*Ou d'aymer un autre, ou d'attendre*
*Le temps qu'elle me prophetise ;*
*Mais j'estimerois à sottise*

*Refuser un bien qui est près*
*Pour en attendre un autre après.*

### La Vieille.

*Prenez le temps, si vous povez,*
*Car refuser vous ne devez*
*L'occasion, quand elle vient.*
*Si aux cheveux l'on ne la tient,*
*Elle s'enfuyt par violence,*
*Et ne laisse que repentance :*
*Pensez sagement en ce cas.*

### La I. Femme.

*Ha! vrayment je n'y faudray pas.*

### La II. Femme.

*Mon cerveau, mon cœur, ma memoire*
*Est tout troublé, et ne puis croire*
*Ceste Sibille prophetique :*
*Car plus mon esperit s'applique*
*A esperer bien par le temps,*
*Comme elle dit, rien n'y entends ;*
*Car l'Amour que trop fort je porte*
*A mon Mary me rendra morte*
*Premier qu'autre Amour endurer,*

*Et me gardera de durer*
*Jusqu'au temps qu'elle vous promet*
*Repos, dont en peine me met*
*Plus grande que ne sentis onques.*

### La Vieille.

*Si n'aurez vous repos qu'adonques.*
*On pourroit tel songe songer*
*Qui ne seroit mye mensonger :*
*Le bon Docteur bien en parla.*
*Vrayment vous passerez par là*
*Toutes quatre, mal gré voz dents.*
*Et moy, de peur des accidens*
*Du serain, m'en vois retirer.*

### La I. Femme

*Quoy, nous lairrez vous souspirer*
*Sans nous dire rien qui vaille ?*

### La Vieille.

*Or appaisez vostre bataille,*
*Je n'en puis plus porter le faix.*
*Je prie au Dieu de toute paix*
*Remplir voz cerveaux de raison.*

### La II. Femme.

*Elle s'en va en sa maison :*
*On ne la peult plus retenir.*

### La I. Fille.

*Mais qui la feit icy venir*
*Pour me dire une menterie ?*
*Que j'aymeray : c'est moquerie.*
*Amour en mon cœur ne sera.*

### La II. Fille.

*Que mon amy me laissera ?*
*La faulse Vieille aura menty.*
*Jamais ne sera departy*
*Moy de son cœur, ne luy du mien.*

### La I. Femme.

*Rompre aussi mon chaste lyen,*
*Ou devenir layde et hydeuse*
*Comme m'a dit ceste fascheuse,*
*Ha ! vrayment elle mentira.*
*Mon mary se convertira,*
*Me voyant digne d'estimer.*

### La II. Femme.

*Le grand feu vous puisse allumer,*

*Qui veult que j'ayme ou que j'attende*
*Que vieillesse ou foiblesse amende*
*Mon mary! Mais j'ay esperance*
*Que, par ma grand' perseverance,*
*En brief retournera à moy,*
*Et lors seray sans nul esmoy.*

## La I. Fille.

*Leur grand ennuy et leur necessité*
*Leur feit chercher secours de creature.*
*Nostre plaisir par curiosité*
*Nous feit vouloir sçavoir nostre adventure.*
*Le temps, les ans, le sens et l'escriture*
*De ceste Dame apparentement sage*
*Nous feit ouvrir le secret du courage*
*Dont riens quel mal n'avois peu recevoir.*
*Nous concluons, par tout nostre langage,*
*Que de sçavoir l'advenir, c'est l'ouvrage*
*De celuy seul qui sur tous ha pouvoir :*
*Lequel prions, selon nostre devoir,*
*Qu'ainsi que Roy en terre il vous fait voir,*
*Vous doint regner au Ciel pour heritage!*

## Le Vieillard.

*Ma bonne Dame, où allez vous?*
*Où portez vous ceste jeunesse?*

## La Vieille.

*En bonne Foy, mon Amy doux,*
*Sur un lict par grande foiblesse.*

## Le Vieillard.

*Je voy là bien grande jeunesse.*
*En venez vous?*

## La Vieille.

*Ouy, le pas.*
*Vray leur ay dit comme la messe :*
*Mais quoy? ilz ne m'en croyent pas.*

## Le Vieillard.

*J'y vois parler par tel compas*
*Que je croy que l'on m'entendra.*

## La Vieille.

*Leur cerveau donc s'amendera,*
*Car je leur ay dit.*

## Le Vieillard.

*J'entens bien.*
*Mais, confermant vostre entretien,*
*Je leur en diray davantage.*

### La Vieille.

*J'attendray voir si son langage
Sera mieux que le mien receu.*

### Le Vieillard.

*Dames, si je ne suis deceu,
Trop grandement vous fourvoyez,
Dont ceste Dame ne croyez.*

### Le I. Homme.

*Que veult ce Vieillard à ces Dames?
Qu'il est caduc et defailly!*

### Le II. Homme.

*Pensez qu'il veult sauver leurs Ames,
Sans que de nous soit assailly.*

### Le III. Homme.

*Pas n'aurons le cœur si failly,
Que d'un Vieillard poulser ne battre.*

### Le IIII. Homme.

*Menons les danser toutes quatre,
Et vous les verrez bien tencer.*

## Le Vieillard.

*Tencer, non, mais bien vous combattre,*
*Ma Vieille et moy, de bien danser.*
*Or dansons sans plus y penser :*
*Vous verrez leur orgueil rabattre.*

# FARCE

DE

TROP, PROU, PEU, MOINS

---

Trop commence.

Ui *voudra sçavoir qui je suis*
*Descende au plus profond du Puitz,*
*Et parle à ceux qui plus hault chantent,*
*A ceux qui courent d'huys en huys,*
*Et à ceux qui par un pertuys*
*Les gens de sarbatane enchantent;*
*A ceux qui plus parlent, plus mentent;*
*A ceux à qui tout est rendu,*
*Et à ceux qui, joyeux, lamentent*
*Leur gaing où quelque autre ha perdu.*
  *Mon nom est doux et amyable,*

*Si necessaire et agreable
Que tout chacun le peult bien dire.
Mon surnom est espoventable,
Et si n'est pas moins admirable
Que cestuy là du temps de l'ire
De Dieu, que nully n'osoit lire;
Et semblable est à cest Esprit
Au plus beau nom qu'on puisse escrire,
Ne qui fut onc en livre escrit.*

 *Ma Seigneurie et mon office,
Mon estat et mon exercice,
Est plus grand que toute la Terre :
Nul poisson, sinon l'Escrevisse,
N'y parvient. Car ma grand' justice
Par autre ne se peult conquerre.
Mon estat est forger tonnerre.
Mais si suis je un meschant couard.
C'est moy qui faiz pour la paix guerre,
Qui file et tordz à tous la hard.*

 *Ma demeure est en un beau lieu,
Au prys duquel celuy de Dieu
Ressemble hospital plein d'ordure.
Tout mon passetemps et mon jeu,
C'est me jouer à l'eau, au feu.
Là se recrée ma nature.
Sur bois doré, sur pierre dure,
Je suis assis; là me repose.*

*Un mal y ha, l'an trop peu dure*
*Pour faire ce que dire n'ose.*

*Je suis couvert d'un grand Manteau,*
*Si bien fait, si large et si beau,*
*Que dessoubs luy nul sot m'eschappe.*
*Mon Saye est de drap bien nouveau.*
*Puis j'ay en bonnet et chappeau*
*Assez pour faire à autruy chappe.*
*Avecques mes gands tout j'attrappe,*
*Et, quand soubs ma main les ay mis,*
*Sans grand ennuy nul n'en eschappe :*
*Ainsi l'ay juré et promis.*

*Vous qui avez si belles testes,*
*Si vous ne ressemblez aux bestes,*
*Vous povez bien mon nom sçavoir.*
*Mes contenances sont honnestes,*
*Tant aux jours ouvriers comme aux festes*
*Vostre œil ne peult rien meilleur voir;*
*Et la grandeur de mon povoir*
*Excede tout entendement.*
*Je suis celuy, à dire voir,*
*Qui ne hayt que droit jugement.*

Prou commence.

*Avez vous point ouy parler*
*De celuy qui ne peult celer*
*Son secret quand il est yvrongne?*

FARCE.

*Qui ne fait que venir, qu'aller,*
*Pour plus grans morceaux avaller,*
*Oubliant sa propre besongne?*
   *C'est moy : plus n'auray de vergoigne*
*De m'apparoistre et me monstrer.*
*Bien que chacun s'en plaint et grongne,*
*Je ne crains nully rencontrer.*
   *Mon nom est fait de noms sans nombre.*
*Je suis grand, et pour servir d'umbre;*
*Mais mon umbre est comme de l'yf :*
*Qui s'y repose et endort sombre*
*Y trouvera mauvais encombre,*
*Qui en fin le rendra chetif.*
*A promettre je suis hastif,*
*Mais qui se fie en mes promesses*
*Est trompé : car de cœur naïf*
*Ne les faiz, mais par grands finesses.*
   *Mon Esprit est tout fantastique,*
*Qui, sans prendre repos, s'applique*
*A mon particulier proufit ;*
*Et qui m'en reprend, je replique*
*Que c'est pour la chose publique,*
*Et ceste response suffit.*
*Je suis en mon plaisir confit,*
*En ma richesse et en ma gloire;*
*Faire veux ce qu'onques ne feit*
*Nul, pour laisser de moy memoire.*

*Demandez à tous bons Soudartz,*
*Qui pour argent vont aux hazartz,*
*Ilz vous diront qui je puis estre.*
*Allez où l'on tire des arcz*
*Et où l'on desploye Estandartz,*
*Là quelque fois me verrez estre.*
*Je ne veux point avoir de maistre,*
*Ne servir à nul, fors à moy.*
*J'ay toujours presté la main dextre*
*Pour jurer et rompre ma Foy.*
*Je me conduis selon le temps,*
*Entre contens et mal contens,*
*Sans avoir à nul amytié.*
*Si nul contredisant j'entens,*
*Mes satallites combatans*
*Je metz en avant sans pitié :*
*Le moindre est ainsi chastié.*
*Mais si d'un grand j'ay quelque affaire,*
*De mon pain aura la moitié.*
*Voilà les tours que je sçay faire.*

### Trop.

Dieu gard celuy dont l'esperance
Ha fait reluire maint Harnois.

### Prou.

Dieu gard la tresbelle apparence
Que plus je voy, moins je congnois.

### Trop.

*Me congnoissez vous, mon Filz?*
*Je suis Trop, vostre pere grand;*
*Prou estes nommé, je vous feiz,*
*Mais avant moy estiez pourtant.*

### Prou.

*Ha! Trop, pas ne vous congnoissoye :*
*Je ne regardois qu'au dehors,*
*Et d'autre forme vous pensoye,*
*Car comme moy avez un corps.*

### Trop.

*Au fondz de vostre cœur dedens*
*Je voy, soit plaisir ou regret,*
*A chacun vous fermez les dents,*
*Mais à moy ouvrez le secret.*

### Prou.

*C'est raison que je vous descœuvre*
*Le fondz du cœur entierement,*
*Et vous jugerez si mon œuvre*
*Est bonne à vostre jugement.*

### Trop.

*O quel amy! ô quel lyen!*

*Mon filz, vostre cœur est semblable,
Fait et remply comme le mien.
C'est conjonction admirable.*

### Prou.

*Le vostre toutesfois ne voy,
Mais seulement, voyant la face,
Pareil au mien du tout le croy.
Ce lyen tous les autres passe.*

### Trop.

*J'ayme honneur, proufit et plaisir.*

### Prou.

*D'autre chose je n'ay desir.*

### Trop.

*J'ayme estre adoré en ce Monde.*

### Prou.

*Ma felicité là je fonde.*

### Trop.

*J'ayme grandes possessions.*

### Prou.

*Là tendent mes intentions.*

Trop.

J'ayme mieux estre craint qu'aymé.

Prou.

Moy sur tous autres estimé.

Trop.

J'ayme n'avoir point de pareil.

Prou.

Envieux suis sur le Soleil.

Trop.

Tout avoir veux sans rien lascher.

Prou.

C'est à quoy tousjours veux tascher.

Trop.

Jamais je ne suis saoul de biens.

Prou.

J'ay tousjours peur de n'avoir riens.

Trop.

J'ayme Villes, Palais, Chasteaux.

Prou.

*Ces passetemps me sont bien beaux.*

Trop.

*J'ayme des chantres la musique.*

Prou.

*Là aussi mon esprit j'applique.*

Trop.

*J'ayme femmes, bons vins, banquetz.*

Prou.

*Je les estime grans acquetz.*

Trop.

*J'ayme fort d'assembler thresor.*

Prou.

*Et moy aussi, ou plus encor.*

Trop.

*J'ayme les pierres precieuses.*

Prou.

*Et les trouve delicieuses.*

Trop.

*J'ayme draps d'or, d'argent, de soye.*

Prou.

*Cela me donne au cœur grand' joye.*

Trop.

*J'ayme à bastir et acquerir.*

Prou.

*C'est ce que plus je veux querir.*

Trop.

*Mais sur tout j'ayme la vengeance.*

Prou.

*C'est à mon cœur grand' allegeance.*

Trop.

*Je prens plaisir aux trahisons.*

Prou.

*Et moy, pour bien grandes raisons.*

Trop.

*J'honore un bon empoisonneur.*

Prou.

*De mes biens je luy suis donneur.*

Trop.

*Aux estrangers je ne me fie.*

Prou.

*Et aux devins je me confie.*

Trop.

*Je crains tristesse et maladie.*

Prou.

*Si fait ma personne hardie.*

Trop.

*Je crains d'estre de tous congnu.*

Prou.

*Ceste peur m'a tousjours tenu.*

Trop.

*Je crains tout accident debile.*

Prou.

*J'ay de ces craintes là dix mille.*

### Trop.

*Je crains froid, et vent, et tempeste.*

### Prou.

*J'ay telle crainte dens ma teste.*

### Trop.

*Tous maux et malheurs je crains fort,*
*Mais plus que tout je crains la Mort.*

### Prou.

*Helas! j'en sents la peur horrible,*
*Car par sus tout ell' est terrible.*

### Trop.

*Puis que l'un à l'autre ressemble,*
*Cheminons donc d'un pied ensemble.*

### Prou.

*Vostre chemin et vostre voye*
*Veux tenir, car je reçoy joye*
*D'avoir un tel amy trouvé.*

### Trop.

*A fin que tel soye approuvé,*
*Dire vous veux la verité.*

Prou.

*Dites la moy par charité.*

Trop.

*Las! qu'est ce que vous portez là?*

Prou.

*Las! je ne sçay d'où vient cela.*

Trop.

*Ce sont aureilles.*

Prou.

*Ce sont Dyables!*

Trop.

*Oreilles les plus detestables
Que jamais homme pourroit voir.*

Prou.

*Aussi je vous fais à sçavoir
Que vous en avez de la sorte.*

Trop.

*Que j'en ay? ô passion forte,
Qui est importable à porter!*

### Prou.

*L'un l'autre nous faut conforter,
Dissimulans nostre meschef.*

### Trop.

*Avoir en un si parfait chef
Aureilles de bestes vilaines!*

### Prou.

*O qu'elles nous don'ront de peines,
Si du Monde elles sont congnues!*

### Trop.

*Il fault qu'elles soyent tenues
Soubz honorable couverture.
Tous ces chapeaux à l'aventure
Mettray : voyez s'il m'advient bien.*

### Prou.

*Il me semble qu'il n'y fault rien.
Je vois ainsi aux miennes faire
Soubs ces bonnets, pour contrefaire
Ce que nous sommes devant tous.
Or, suis je bien?*

### Trop.

    *Ouy bien vous.*

### Prou.

*Et vous aussi. Sus donc, allons,*
*Et n'espargnons point noz talons :*
*Il nous fault arpenter la terre.*

### Trop.

*Grande douleur le cœur me serre,*
   *En rien ne me puis esjouir.*

### Prou.

*Les grans biens dont pensois jouir*
*Ne m'empeschent que je ne crie.*
*Car s'on voit nostre besterie,*
*Nous serons moquez de chacun.*

### Trop.

*Le mal est à nous deux commun.*
*Aussi telle est nostre puissance,*
*Que si quelqu'un ha congnoissance*
*De nous, et qu'il en die un mot,*
*Nous ferons bien tant que le sot*
*Aura son parler limité.*

### Prou.

*Mais il dira la verité.*

### Trop.

*C'est tout un, verité soit verité :*
*Mais qu'elle ne soit descouverte,*
*Nous la porterons doucement.*

### Prou.

*Si avons nous le sentiment*
*D'une telle imperfection.*

### Trop.

*C'est où dissimulation*
*Sera en nous vertu parfaite.*

### Prou.

*Puis que la chose est ainsi faite,*
*Passons le temps, allons aux champs.*

### Trop.

*Qui ha mis là ces deux marchans*
*Qui entre eux ne cessent de rire ?*

### Prou.

*Escoutons ce qu'ilz sçavent dire.*

### Peu commence.

*L'on me nomme Peu, qui se cache*

*Par tout ; je veux bien qu'on le sache,
Le peu aymé, le povre, et moins douté.
Je garde la Brebis, la Vache ;
Le Pourceau par le pied j'attache ;
Mon corps sans cesser est bouté
A tout travail : moult m'a cousté,
Tant que je ne possede riens.
Mais j'ay une bourse au costé,
Qui est remplie de tous biens.*

### Moins commence.

*Je me nomme le povre Moins,
Le moindre de tous les humains,
Qui n'ay riens, et riens avoir veux.
Tousjours laboure soirs et mains,
De corps, de piedz, de bras, de mains :
En cela j'accomplis mes vœuz.
Soucy n'ay d'enfans ne nepveux :
De les enrichir n'ay envie,
Ma richesse est soubs mes cheveux,
Parquoy ne crains perdre la vie.*

### Peu.

*Tu es des miens.*

### Moins.

*Des vostres suis.*

Peu.

*Tous d'un cerveau sommes conduitz.*

Moins.

*Tous marchons d'un consentement.*

Peu.

*Tous deux n'avons qu'un sentiment.*

Moins.

*Je vous congnois bien à la voix.*

Peu.

*Et de long temps je vous sçavois
Tel avoir esté que vous estes.*

Moins.

*Pareil acoustrement de testes
Nous portons, et sans difference.*

Peu.

*Nous avons pareille esperance,
Pareil but et pareille fin.*

## Moins.

*Vous n'estes pas plus que moy fin ;*
*Mais les plus fins nous affinons.*

## Peu.

*C'est pource que nous ne finons*
*D'estre Peu et Moins, si petis,*
*Que gens pleins de grans appetis*
*Ne sçavent pas bien où nous prendre.*

## Moins.

*Nous ne craignons nully attendre :*
*Car quand nous approchons des hommes,*
*Si petis auprès d'eux nous sommes*
*Qu'ilz ne nous peuvent regarder.*

## Peu.

*Craintif ne se doit hazarder,*
*Quand il ha par où estre pris.*

## Moins.

*Noz habits sont de si vil prys*
*Que, si quelqu'un par là nous tire,*
*Si facilement les deschire*
*Que l'on ne nous peult retenir.*

### Peu.

*L'on ne peult l'innocent punir,*
*Ne celuy qui est riens toucher.*

### Moins.

*Qui voudra au mort reprocher*
*Ses pechez et ses grans meffaits,*
*Il portera si bien ce faix*
*Qu'il n'en daignera rien respondre.*

### Peu.

*L'on ne peult Brebis raze tondre;*
*Qui n'ha riens, riens aussi ne perd.*

### Moins.

*Qui ne porte riens, riens n'appert :*
*Parquoy ceste lettre est bien close*
*A cil qui cerche quelque chose.*

### Peu.

*Ilz n'en peuvent trouver le bout;*
*Helas! ilz pensent avoir tout;*
*Mais ce tout là, qu'ilz disent leur,*
*Ce n'est en fin que tout malheur :*
*Nostre Tout n'est pas de la sorte.*

## Moins.

*Certes il fault que ce Tout sorte
De riens pour estre cher tenu.*

## Peu.

*Il nous est donc bien advenu
D'endurer povretez extremes,
Et n'avoir riens, fors que nous mesmes.*

## Moins.

*Mais un grand thresor nous avons,
Dont assez chanter ne povons :
C'est noz cornes, avecques lesquelles
Nous sommes de toutes querelles
Defenduz, voire et soulagez.*

## Peu.

*Et de tous cas alimentez
Dont nous avons necessité.*

## Moins.

*Nous sommes hors de cecité,
Et de tenebreuse fumiere ;
Nous nous servons de la lumiere
Du Soleil en lieu de flambeau.*

### Peu.

*Vrayment, le Soleil est si beau*
*Qu'auprès de luy tout autre feu*
*Ne semble que painture et jeu.*

### Moins.

*Or cheminons en la splendeur*
*De ce Soleil par grand ardeur.*
*Ne disons mot, mais escoutons.*

### Peu.

*Si l'on nous appelle Moutons,*
*Ou les Cornuz, il se fault taire.*

### Moins.

*Je sçay bien jouer ce mistere.*
*Mais cheminons rians tousjours;*
*Avant qu'ayons finé noz jours,*
*Celuy viendra qui doit venir.*

### Peu.

*De rire ne me puys tenir :*
*Car ma corne le m'a promis.*

### Moins.

*Nous sommes cornuz et Amys :*
*Un cœur et une voulenté.*

### Peu.

*Une Mort et une Santé ;
Mais sur tout ceste Mort desire.*

### Moins.

*Las, après elle je souspire !*

### Prou.

*Voyez le là.*

### Trop.

*Ma Foy, c'est il.*

### Peu.

*Voyez le là.*

### Moins.

*Qu'il est subtil !*

### Prou.

*Je le voy.*

### Trop.

*Vrayment je le sens.*

### Prou.

*Ouy mieux les Aulx que l'Encens.*

### Peu.

*Qu'il contrefait bien le gentil!*

### Moins.

*Tournons delà.*

### Peu.

*Non, allons droit.*
*S'il vient à nous, laissons le courre.*

### Prou.

*Il fault sçavoir par quel endroit*
*Se tire gresse de la bourre.*

### Trop.

*Avant l'yver si bien me fourre*
*Que je n'ay garde d'avoir froid.*

### Prou.

*Devisons à ce mal vestu :*
*Il nous dira quelque sottise.*

### Trop.

*C'est bien dit.*

### Prou.

*Amy, que faiz tu?*
*Quelle est de ton vivre la guyse?*

### Peu.

*Las, Monsieur, un povre festu*
*S'allume bien sans qu'on l'attise.*

### Moins.

*Un grand arbre est tost abbatu.*

### Prou.

*Pourquoy portez vous sur vos testes*
*Cornes? Ce doit faire un Cocu.*

### Trop.

*C'est pour en estre plus honnestes;*
*C'est aussi pour tout mieux entendre.*

### Moins.

*Nos cornes sont pour nous defendre :*
*Elles ne sont de chair ne d'oz.*

### Peu.

*Mais de tous deux (entendez vous)*
*Pour defendre l'os et la peau.*

### Prou.

*Elles percent vostre Chapeau.*

### Moins.

*Mais le Chapeau en est gardé.*

### Trop.

*Vray'ment il en est trop lardé,*
*Et si n'en avez congnoissance.*

### Peu.

*Sa vertu et grande puissance*
*Ne se peult en oreilles mettre*
*Ainsi grandes que peuvent estre*
*Les vostres.*

### Prou.

*Pourquoy donc ne peult?*

### Moins.

*Chacun n'est pas sage qui veult.*

### Trop.

*Si tu le dis, nous l'entendrons.*

### Peu.

*Noz cornes (nous le maintiendrons)*
*Sont à louer, je dis beaucoup.*
*Qui nous voudroit donner un coup*

# FARCE.

*Sur la teste, il se blesseroit,*
*Voire et la corne offenseroit*
*La main qui nous voudroit frapper.*

### Moins.

*Elle nous sert pour eschapper*
*Mille maux, pour ce qu'entredeux*
*Elle se met de nous et d'eux.*

### Prou.

*Quelz œufz?*

### Peu.

*Ce sont gros œufz d'Autruche,*
*Qui frappent plus fort qu'une buche;*
*Mais la corne les casse tous.*

### Trop.

*Vray'ment voicy de plaisans foulz,*
*Qui craingnent œufz d'Autruche et d'Oye.*

### Prou.

*Pourquoy menez vous telle joye,*
*Que jamais nul ne voit finer?*

### Moins.

*Vous ne le sçauriez deviner,*
*Et nous ne le vous povons dire.*

Trop.

*Pourquoy ?*

Peu.

*Nous vous ferions tant rire,*
*Et ririons tant en le disant,*
*Que seigneur, vilain ne paisant*
*Ne le pourroit jamais apprendre.*

Prou.

*Pourquoy ?*

Moins.

*L'on ne nous peult entendre.*
*Car nous rions tant, tant et tant,*
*Que rien que la voix l'on n'entend,*
*Qui demonstre nostre plaisir.*

Peu.

*Nous n'avons force ne loisir*
*De parler : le ris nous affole,*
*Et nous empesche la parole*
*Tant qu'elle ne peult s'avancer.*

Moins.

*Monsieur, seulement d'y penser,*
*Je ris jusqu'à la larme à l'œil.*

## Trop.

*Vous ne sentez ennuy ne dueil ?*

## Peu.

*Nous ne sommes jamais marris.*

## Prou.

*Et s'on vous frappe ?*

## Moins.

*Je m'en ris,
Car il me souvient de ma corne.*

## Peu.

*Fy d'ennuy, qui est triste et morne ;
Vive la petite cornette !*

## Moins.

*Vive la corne joliette,
Dont le compte en est si joyeux
Qu'il fait venir la larme aux yeux
De rire, en le cuydant redire,
Ou le penser, ou bien l'escrire !
Quand le cuydons mettre dehors,
Ce fol rire nous prend alors,
Qui le fait demourer dedens.*

### Trop.

*Nous en rions.*

### Peu.

*Ouy, des dents,
Car du cœur rire ne sçauriez.
Si vous le sçaviez, vous ririez :
Il ne tient qu'au compte sçavoir.*

### Prou.

*Dites le nous.*

### Moins.

*Je n'ay povoir.*

### Trop.

*Commencez un peu seulement.*

### Peu.

*Il estoit au commencement :
Je ne sçaurois passer plus outre.*

### Prou.

*Mais qu'estoit-il ? Parlez, Apostre.*

### Moins.

*Il estoit : Ha ! je n'en puis plus.*

## Trop.

*Achevez nous donc le surplus :*
*Ne dites parole si breve.*

## Peu.

*Il estoit un : Ma foy, je creve :*
*La joye tant au cœur me touche,*
*Qu'elle me fait clorre la bouche.*

## Prou.

*Il rid si tresfort qu'il en sue.*

## Trop.

*Il peult bien porter la massue,*
*Car jamais plus fol je ne veis.*

## Prou.

*Or viens çà. Que t'est il advis*
*De nous ? Regarde noz visages.*

## Moins.

*Vous estes deux grans personnages,*
*Si grans que je crains d'approcher*
*De vous, ou voz robbes toucher,*
*Car elles sont trop precieuses.*

### Peu.

*Ouy, et bien laborieuses;*
*Voyez ce gorgias labourage.*

### Trop.

*Il nomme labeur cest ouvrage :*
*C'est cannetille, pourfilure,*
*Ricameure avecques frisure;*
*C'est tout fin or, argent et soye.*

### Prou.

*Te moques tu?*

### Moins.

*Je riz de joye.*

### Trop.

*De voir nostre habit, qui tant vault?*

### Peu.

*Nenny, mais de ce qu'il y fault.*

### Prou.

*Nostre habit est parfait, vray'ment.*

### Moins.

*Une corne tant seulement*
*Feroit l'habillement parfait.*

### Trop.

*Or, pour le rendre satisfait,*
*Voyez, nous portons une corne :*
*Ceste cy, c'est de la Licorne*
*Contre le venin et la peste.*

### Prou.

*Voicy encor un peu de reste*
*Du bout de ceste grande beste*
*De Cerf, qui garde la tempeste*
*De tomber où elle demeure.*
*Tu ris?*

### Moins.

  *Sy tresfort que j'en pleure.*
*Mon Dieu! n'avez vous point de honte*
*D'ignorer ainsi le beau compte*
*Qui vous feroit rire avec nous?*

### Trop.

*Cornes avons (entendez vous)*
*Qui sont vertueuses et belles.*

### Moins.

*Il leur fault porter des chandelles,*
*Puis que du mal peuvent guarir,*

### Peu.

Vous gardent-elles de mourir?

### Prou.

Nenny.

### Moins.

Vray'ment si font les nostres,
Qui valent donc mieux que les vostres;
Car quand Mort s'y vient approcher,
Si grand peur ha de s'acrocher
A noz cornes, qu'elle s'enfuyt :
Elle les craint, parquoy s'ensuit
Que quitte d'elle nous vivons.

### Trop.

Les vostres laides nous trouvons :
Elles nous semblent trop pesantes.

### Peu.

Mais elles nous sont si plaisantes,
Que les vostres n'estimons rien.

### Prou.

Les nostres acoustrons si bien
D'or, d'argent et de pierreries,

*Que maladies sont guaries
En beuvant l'eau où les mettons.*

Trop.

*Ces vieilles cornes de Moutons
Ne valent rien : ce n'est qu'ordure.*

Moins.

*Si je vous avois fait lecture
De ma corne et de son histoire,
Jamais vous ne sçauriez plus croire
Que nulle autre valust son prys;
Et, y repensant, suis espris
De ce rire continuel.*

Prou.

*Quelle raison?*

Peu.

*Le compte est tel,
Si plaisant et si delectable,
Que d'Acteon la belle fable,
Qui eut cornes, dont faites compte,
N'est rien au prys de nostre compte.
Toute l'histoire que dit Pline
De ceste Licorne tant fine,*

*Qui se prend par une pucelle,
N'en approche point et n'est telle.*

### Moins.

*Tout cela se peult racompter;
Mais la nostre doit surmonter,
D'autant que l'on n'en sçait parler.*

### Trop.

*Nous n'en sçavons riens.*

### Peu.

*Le celer
Nous en fait grand mal; et aussi
Fait il à vous.*

### Prou.

*Et qu'est cecy?
De l'ouyr nous donnez envie,
Puis ne sonnez mot.*

### Moins.

*Nostre vie
Nous defaudroit en le comptant.*

### Trop.

*Ce compte vous rend il contens?*

Peu.

*Contens? mais saoulez oultre bort.*

Prou.

*Jamais ne veiz rire si fort :*
*Ilz tiendront de rire les rengs.*

Trop.

*Las, que nous sommes differents*
*De leur façon et de leur vivre!*

Moins.

*Je suis de joye si très yvre*
*Que riens, fors rire, ne sçay faire.*

Prou.

*Bien avons autre chose à faire :*
*Nous ne sommes pas sans soucy.*

Peu.

*Si vous voy je, la Dieu mercy,*
*Pleins d'honneurs et biens à planté;*
*Et semblez estre en grand' santé*
*De voir vostre face et couleur.*

### Trop.

*Il ne voit pas nostre douleur,*
*Ny où nostre soulier nous mache.*

### Moins.

*Le veau qui est dedens la vache*
*Ne se voit, s'il n'est mis dehors.*

### Prou.

*Nous ne povons par nulz efforts*
*Nos grandes oreilles cacher.*

### Peu.

*Cela ne vous doit point fascher,*
*Car plus grandes vous les avez*
*Et bien plus sçavoir vous devez*
*Que les autres, ne faites pas ?*

### Trop.

*Midas ! Midas ! Midas ! Midas !*
*Vos tristesses sont nompareilles.*

### Moins.

*Vous font elles mal, les oreilles*
*Qui vous font tant pleurer et plaindre ?*

## Prou.

*Autre mal, sinon que contraindre*
*Ne les puys dessoubs mon bonnet.*

## Peu.

*Il me semble que pas bon n'est*
*Cacher ce qui se doit monstrer.*

## Trop.

*Si ne tient il à m'acoustrer*
*De chapeaux, de bonnets de nuict.*
*Mais leur grandeur si fort me nuyt*
*Qu'à mon gré je ne les puys mettre.*

## Moins.

*Vous n'en estes donc pas le maistre?*

## Trop.

*Mais beaucoup moins que serviteur*
*Maugré moy j'en suis le porteur,*
*Et mes oreilles sont maistresses.*

## Prou.

*Mon Dieu! que voicy de tristesses,*
*Qui par elles, sans nul sejour,*
*Nous augmentent de jour en jour!*
*C'est une douleur incertaine.*

### Peu.

*S'il n'avoit ny Amour ne hayne*
*A riens qu'aux cornes, comme nous,*
*Il n'auroit pas tant de courroux.*

### Trop.

*Helas! Helas! Helas! Helas!*

### Prou.

*Midas! Midas! Midas! Midas!*
*Que pour vous nous avons de peine!*

### Trop.

*Et nostre peine est par trop veine,*
*Car nous ne povons adviser*
*Le moyen de nous desguiser,*
*Que noz oreilles l'on ne voye.*

### Prou.

*Jamais au cœur nous n'avons joye,*
*Quelques mines que nous minons,*
*Et noz cœurs par crainte minons :*
*Nostre vie est bien malheureuse.*

### Moins.

*Mais triomphante et glorieuse,*
*A voir voz habitz et voz pompes.*

## Peu.

*Ne jouez vous jamais aux trompes,*
*Au fouet, à frapper bien fort?*
*Cela vous seroit reconfort*
*En lieu de meilleur exercice.*

## Moins.

*Je ne voy pas dehors nul vice*
*En voz oreilles, ce me semble :*
*Toutes deux les avez ensemble*
*Saines et nettes.*

## Prou.

*Ouy bien :*
*Mais ne voyez vous pas combien*
*Elles sont grandes?*

## Peu.

*Demeurez :*
*Fault il que pour si peu pleurez,*
*Veu qu'avez tout ce qu'il vous fault?*

## Trop.

*Las, tout nostre bien peu nous vault,*
*Et si nous empesche et nous nuit;*
*Car dessoubs ce bonnet de nuict*
*Ne puys musser ceste grandeur.*

### Prou.

*Quand je pense en leur grand' laydeur,*
*Je n'ay en riens contentement.*

### Moins.

*Et en vostre beau vestement*
*Ne prenez vous plaisir ne gloire?*

### Trop.

*Non : Car mes oreilles memoire*
*Me donnent de ce qui me fasche,*
*Et fault que ce morceau je masche.*

### Prou.

*Ce nous est un cruel repas.*

### Trop.

*Midas! Midas! Midas! Midas!*
*Pour nous tresmal vous fustes né.*

### Peu.

*Ne vous desplaise, domine,*
*De vous nommer n'ay pas l'usage;*
*S'il plaisoit à vostre courage*
*Quelque chose nous desgorger*
*De voz ennuys?*

###### Moins.

  *C'est pour forger,*
*Si nous povons, quelque remede.*

###### Prou.

*De vous dire noz maux, à l'aide !*
*L'histoire en est si trespiteuse,*
*La memoire en est tant hideuse,*
*Que pour le dire n'avons termes.*

###### Trop.

*Elle ne s'escrit que de lermes ;*
*Elle ne se dit que de criz.*

###### Prou.

*Si piteux en sont les escritz*
*Que l'on ne peult les reciter.*

###### Trop.

*Ilz me font bien plus inciter*
*A pleurer par compassion,*
*Que ne feroit la passion*
*De* Jesu Christ, *ne de ses Saintz.*

###### Peu.

*Leurs cerveaux ne sont pas trop sains,*
*Et leur sens est trop diverty.*

### Moins.

*Ne povez vous prendre party*
*Pour un peu vous reconforter ?*

### Prou.

*Non : Car il les nous fault porter ;*
*Mais nous n'en daignerions parler,*
*Sinon que les dissimuler*
*Vous ne povons.*

### Peu.

   *Soubs vostre cappe*
*Couvrez les.*

### Trop.

   *Ceste cy m'eschappe,*
*Et l'autre ne puys retenir.*

### Prou.

*Mes bonnetz ne peuvent tenir*
*Sur ma teste, pour l'Amour d'elles.*

### Moins.

*Quant à moy, je les trouve belles,*
*Mais que ce qui leur appartient*
*Y fust aussi.*

## FARCE.

Trop.

Quoy?

Moins.

*Il convient
Des cornes pour les decorer.*

Peu.

*La Corne feroit honorer
Voz oreilles par sa presence.*

Prou.

*Mais accroistroit la congnoissance
Que nous ne voulons qu'aucun sache.*

Moins.

*Si la corne y prend son attache,
Nul ne se peult de vous moquer.*

Peu.

*Vous la verrez soudain choquer
Ceux qui en moquant sont choqueurs.*

Trop.

*Je ne crains rien, fors les moqueurs,
Car je n'ayme rien que l'honneur.*

### Moins.

*Et la joye qui est au cœur.*
*Ne l'estimez vous rien, mon syre?*

### Prou.

*J'en suis bien loing; las, je souspire*
*Pource qu'avoir je ne la puis!*

### Peu.

*Pourquoy?*

### Prou.

   *Pour la peine où je suis*
*De cacher ces oreilles lourdes.*

### Moins.

*Peult estre qu'elles sont si sourdes*
*Que vous n'en povez bien ouyr.*

### Trop.

*Leur ouy ne me fait jouyr*
*De nul plaisir, car jusqu'au centre*
*De mon cœur tousjours douleur entre,*
*Qui par ces grans oreilles passe.*

### Peu.

*N'oyez vous rien qui vous soulace?*
*Ayez de plaisans racompteurs.*

Pròu.

*Tant nous avons de plaisanteurs*
*Qui disent choses admirables!*

Moins.

*Vous sont elles point aggreables?*

Trop.

*Ouy, aux oreilles un peu;*
*Mais au cœur augmentent le feu*
*D'ennuy venant par ces escoutes,*
*Car elles ne luy plaisent toutes,*
*Dont plaisir n'en povons gouster.*

Prou.

*Plus essayons de les oster,*
*Et plus y mettons nostre entente,*
*Et plus nostre douleur augmente :*
*Parquoy nostre labeur est vain.*

Peu.

*Mais si vous les couppiez soudain?*

Trop.

*Nous en avons bien eu envie;*
*Mais à elles tient nostre vie,*
*Que nous perdrions en les perdant.*

### Moins.

*Vostre vie y est donc pendant ?*
*En bonne foy, vous avez tort :*
*Car plustost y pend vostre mort,*
*Veu qu'elles vous font tant crier.*

### Prou.

*Si ne tient il pas à prier*
*Medecins, et vivans et morts,*
*Et prendre breuvages bien forts,*
*Et tous les remedes possibles,*
*Pour sans plus les rendre invisibles ;*
*Mais rien ne nous ha proufité.*

### Trop.

*Ces gens pleins de necessité*
*Sont plus aises que nous ne sommes.*

### Peu.

*Nous ne craingnons Diables ne hommes,*
*Ne ceste muable Fortune.*

### Moins.

*Et toute saison nous est une :*
*En chauld, en froid nous sommes sains.*

#### Prou.

*Labourez vous point de voz mains ?*

#### Peu.

*Ouy ; mais nostre esprit repose,*
*Qui s'esjouit en toute chose :*
*Car la corne luy touche au cœur.*

#### Trop.

*Vray'ment, vous estes un menteur,*
*Sur vostre teste je la voy.*

#### Peu.

*Mais au cœur je la sens bien, moy,*
*Car moymesme au cœur la sens.*

#### Prou.

*Si jamais y eut d'Innocents,*
*Ceux cy le sont : tel nom leur donne.*

#### Trop.

*Mais folz naturelz les ordonne,*
*Aussi plaisans que je viz onques.*

#### Moins.

*Et vous demeurez sages donques ?*

Prou.

*Et vous serez fols et petis.*

Peu.

*Ouy, faisans noz appetits :*
*Et vous seriez et grans et sages,*
*Et bienheureux en voz courages,*
*S'aviez plaisir à nous pareil.*

Moins.

*Nous n'avons trestous qu'un Soleil :*
*Et l'un est noir, et l'autre est blanc.*

Trop.

*Ha! chacun doit aller par rang ;*
*Voudriez vous ainsi tout confondre?*

Peu.

*Je ris tant que ne puis respondre ;*
*Car ma corne ne craint nul vent.*

Prou.

*Mais comment il rit?*

Trop.

*Hay avant.*

*Vous faites bien vostre mestier;*
*Et noz cœurs à plein benestier*
*Ne font que pleurer eaux ameres.*

Peu.

*Ne parlez vous point aux commeres,*
*Qui sçavent tant de si bons motz?*

Prou.

*Je croy que vous estes si sotz*
*Qu'à elles n'oseriez parler.*

Moins.

*Si faisons bien, sans rien celer;*
*Mais en parlant tousjours rions.*

Prou.

*Et en pleurant nous les prions,*
*Car souvent sommes refusez.*

Peu.

*Des femmes donc vous abusez,*
*En les adorant comme images.*

Trop.

*Plus elles fardent leurs visages,*

Et plus vostre cœur est attaint
De la blancheur de leur beau taint.

Prou.

Leur parler par bouches vermeilles
Entre souvent en noz aureilles,
Tant qu'elles en sont bien remplies.

Moins.

Voz joyes sont donc acomplies
D'ouir parler doux comme soye :
De voir la beauté, la mont joye,
Vous devriez rire comme nous.

Trop.

Tout cela se tourne en courroux
Et remplit le cœur de martyre.

Peu.

Vous n'avez donc cause de rire?
Aymez vous point chasser, voler,
Jouster, chanter, danser, baller,
Ou quelques plaisans passetemps?

Prou.

Cela nous rend plus mal contens.
Car à la fin en douleur tourne,

*Et le plaisir si peu s'esjourne
Que ne sçavons s'il y en ha.*

## Moins.

*Alleluya ! Alleluya !
En tout plaisir avoir tristesse ?*

## Trop.

*Et vous ?*

## Peu.

*En tout tourment lyesse,
Car noz cornes nous reconfortent.*

## Prou.

*Hé ! noz oreilles nous apportent,
Pour un plaisir, mille douleurs.*

## Moins.

*Aux prez de diverses couleurs,
Aux fleuves, aux bois, aux rivieres,
Aux jardins de toutes manieres,
En chasteaux et en bastimens,
Et en triomphans ornemens,
Ne prenez vous point de soulas ?*

## Prou.

*Midas ! Midas ! Midas ! Midas !
Le plaisir du tout nous en oste.*

### Trop.

*Helas! et que cher il nous couste!*
*Noz biens il convertit en maux.*

### Peu.

*Et tous noz ennuys et travaux*
*Nostre corne tourne en tout bien.*

### Prou.

*Plus heureux sont à n'avoir rien*
*Que nous ne sommes d'avoir tout.*

### Moins.

*Ne pourriez vous trouver le bout*
*De vostre ennuy, pour l'arracher?*

### Trop.

*Helas! nous achetons bien cher*
*Un jour d'aise et parfait repos!*

### Peu.

*Prenez plaisir à noz propos,*
*Et riez.*

### Trop.

*Las, je ne sçauroye,*

*Et resjouir ne me pourroye,
Quoy que jamais peust advenir.*

### Moins.

*Si un petit povez tenir
Mes cornes dedens voz oreilles,
Vous seriez joyeux à merveilles.
Vous plaist il un peu endurer?*

### Trop.

*Ouy. Las! je ne puis durer;
Quelle douleur elle me fait!*

### Peu.

*Vous seriez joyeux tresparfait
Si un peu avez patience.*

### Prou.

*Que j'essaye ceste science :
Mettez moy vostre corne icy.*

### Peu.

*Je le veux bien.*

### Prou.

*Mercy, Mercy :
Je n'en puis la douleur porter.*

### Moins.

*Ce mal vous peult reconforter,
Et vous le voulez refuser?*

### Trop.

*Il n'est possible d'en user :
Nous n'avons pas ceste puissance.*

### Peu.

*Par cecy auriez congnoissance
Du beau compte et de sa ririe.*

### Prou.

*Voicy une grand' moquerie
De nous arrester à ces foulz.*

### Trop.

*Nous en sommes plus las que soulz.
Des cornes, plus nous n'en voulons.
Les oreilles, dont nous doulons,
Ne sont encores si piquantes.*

### Moins.

*Si vous sont elles bien duysantes;
Car sans elles vous demourez*

*En tristesse, et si en mourrez
Piteusement, la larme à l'œil.*

### Prou.

*Bien, nous couvririons nostre dueil
De tous les passetemps du monde.*

### Trop.

*Ces oreilles là, où je fonde
Mon ennuy, si bien couvriray,
Que mon tresor employeray
Pour les couvrir.*

### Prou.

   *Moy, de Bonnetz,
De Toques, de Touretz de nés,
De Gardecolz et de Cornettes*

### Peu.

*Point ne fault couvrir noz Cornettes,
Car à les monstrer desirons.*

### Prou.

*Tant de veloux nous deschirons,
Tant de drap d'Or et de broché,
Que leur pertuys sera bousché :
Car elles sont par trop ouvertes.*

### Trop.

*A fin que mieux soient recouvertes,*
*N'y espargnons ny or, ny toile,*
*Chapperon, ne chappe, ne voile,*
*Ne petis Bonnetz neufz et beaux,*
*Ne un, ne deux, ne trois Chapeaux,*
*Noz cinq cens, pour mieux les abbatre.*

### Prou.

*Et des Bonnetz, un, deux, trois, quatre :*
*C'est bien pour leur faire une Chappe.*

### Trop.

*Et, par mon nom, tout nous eschappe,*
*C'est grand' pitié.*

### Prou.

   *C'est grand' vergongne.*

### Trop.

*Voila une estrange besongne.*
*Que ferons nous, gens bien heurez ?*

### Moins.

*Riens, sinon qu'un peu endurez*
*De nostre corne la vertu.*

#### Prou.

*Il n'est possible : ne sçaiz tu
Autre remede plus faisible ?*

#### Peu.

*L'on dit souvent qu'à l'impossible
Tous remedes sont deffaillans.
Rolans ne sommes, ne vaillans :
Nous ne sçavons rien de nouveau.*

#### Moins.

*Tout nous est bon, tout nous est beau.*

#### Trop.

*Tout nous est mauvais, laid et ord :
Enchantement n'y ha, ne sort,
Qui nous y sceust de rien servir.*

#### Peu.

*S'il vous plaisoit vous asservir
(Seulement un demy quart d'heure),
Que dens vostre oreille demeure
Nostre Corne, nous sommes seurs
Que vous serez vrays possesseurs
De la joye que nous avons.*

### Prou.

*Endurer nous ne la povons;*
*Et mieux aymons ainsi souffrir,*
*Qu'à vos folles cornes offrir*
*Nos testes, à si grand tourment.*

### Moins.

*Si ne porez vous autrement*
*Estre joyeux.*

### Trop.

*Or nous serons*
*Tristes tousjours, et si mourrons*
*Plustost de dueil, que cornes telles*
*Nous facent douleurs si mortelles*
*Que nous commencions à sentir.*

### Prou.

*C'est pour faire l'Ame partir*
*D'avec le corps.*

### Peu.

*Je le confesse,*
*Qu'elles donnent peine et destresse*
*Quasi jusqu'à l'extremité;*
*Mais leur tourment est limité,*
*Et ne va jusqu'au desespoir.*

### Trop.

*De l'endurer n'avons povoir.*

### Moins.

*Si le plaisir en poviez croire,*
*Il vous feroit doucement boire*
*Le mal, et tresbien en gré prendre.*

### Prou.

*Ce plaisir ne povons entendre,*
*Qui commence par tant de mal.*

### Peu.

*Les grands oreilles d'Animal*
*N'apperçoivent et si n'entendent*
*Le grand plaisir à quoy pretendent*
*Les cornes, que tenons si cher.*
*Allons, à fin de ne fascher*
*Eux, ne les autres, ne nous mesmes.*

### Trop.

*Nous demeurons tristes et blesmes,*
*En lamentant, pleurant, criant.*

### Peu.

*Et nous cheminons en riant,*

*En voyant que tost est finée
Du matin au soir la journée,
Et qu'aprochons de nostre lict.*

### Moins.

*Au repos trouve grand delict
Qui ha labouré bien et beau.*

### Prou.

*Celuy qui est dens un tombeau,
A vostre advis, est il bien aise?*

### Peu.

*Je ne crains ne glace ne braize,
Je ne crains mort ne maladie.*

### Trop.

*Mais toutesfois (quoy que l'on die)
Il n'est que d'estre.*

### Moins.

*C'est bien dit.*

### Prou.

*J'entens estre en joye et credit,
Satisfait de tous ses desirs.*

#### Peu.
*Nous sommes ja pleins de plaisirs,*
*Et confessons qu'il n'est rien qu'estre.*

#### Trop.
*Estre quoy?*
#### Moins.
*A une fenestre,*
*Regardant le beau temps venir,*
*Vivant du joyeux souvenir*
*De noz cornes tant amoureuses.*

#### Prou.
*Noz oreilles si ennuyeuses*
*Font nostre estre tant langoureux,*
*Et sans cesser sommes peneux*
*De voir de noz oreilles l'ombre.*

#### Trop.
*Puis que noz maux sont en tel nombre*
*Que l'on les peult dire innombrables,*
*Je crains la vision des Diables :*
*Car les joyes de Paradis*
*N'empeschent noz ennuyz maudits.*

#### Prou.
*Peur nous assault de tous costez,*

*Mais plus fort au cœur, n'en doutez ;*
*Car c'est où est le grand deluge.*
*Mais, à fin que nul ne nous juge,*
*Allons nous en, car c'est assez.*

### Moins.

*Priez Dieu pour les trespassez,*
*Dont le retour est incongnu.*

### Peu.

*Il en est quelqu'un revenu,*
*Mais bien peu : le chemin est long.*

### Moins.

*Gentes cornes de nostre front,*
*Allons nous reposer ensemble.*

### Peu.

*Allons, que le temps ne nous emble*

# LA COCHE

AYANT *perdu de l'aveugle vainqueur*
*Non seulement le sentement du cœur,*
*Mais de son nom, dits et faits la memoire;*
*Ayant perdu le povoir et la gloire,*
*Et le plaisir de la douce escriture,*

*Où tant je fuz encliné de nature,*
*Me trouvant seule en lieu si fort plaisant,*
*Que le hault Ciel se rendoit complaisant,*
*Par sa douceur et par sa temperance,*
*A la verdeur du pré plein d'esperance,*
*Environné de ses courtines vertes,*
*Où mille fleurs à faces descouvertes*
*Leurs grands beautés descouvroient au Soleil,*
*Qui, se couchant à l'heure, estoit vermeil,*
*Et laissoit l'air sans chaud ny froid, si doux,*
*Que je ne sçay cœur si plein de courroux,*
*D'ire et d'ennuy, qui n'eust eu guarison*
*En un tel lieu, fors moy, qui, sans raison,*
*Fuyant les gens, me retiray à part,*
*Pour n'avoir plus en leur passetemps part :*
*Car cœur qui n'ha de plaisir une goutte,*
*D'en voir ailleurs il ha peine, sans doute.*
*Par une sente, où l'herbe estoit plus basse,*
*Me desrobay (comme femme non lasse)*
*Hastivement, pour n'estre point suyvie,*
*Car de parler à nul n'avoye envie.*
*En mon chemin je trouvay un bon homme :*
*Là m'arrestay, en lui demandant comme*
*L'année estoit, et qu'il en esperoit,*
*Qu'il avoit fait, qu'il faisoit, qu'il feroit*
*De sa maison, femme, enfans et mesnage,*
*De son repos et de son labourage?*

*Prenant trop plus de plaisir à l'ouir*
*Qu'en ce que plus me souloit resjouir.*

*Ainsi parlant, pensant toute seule estre,*
*Je vey de loing trois Dames apparoistre,*
*Saillans d'un bois hault, fueillu et espès,*
*Dont un ruisseau trescler, pour mettre paix*
*Entre le bois et le pré se mettoit.*
*Portant le noir, et l'une et l'autre estoit*
*D'une grandeur ; colletz, touretz, cornettes,*
*Couvroient leurs colz, leurs visages et testes.*
*Leurs yeuz je vey vers la terre baissez,*
*Et de leurs cœurs, par trop d'ennuy pressez,*
*Sailloyent souspirs, dont tout l'air resonnoit ;*
*Mais un seul mot leur bouche ne sonnoit.*

*Leur marcher lent monstroit bien que tristesse*
*Rendoit leurs pieds aggravez de foiblesse.*
*Lors, quand je vey un si piteux object,*
*Pensay en moy que c'estoit un subjet*
*Digne d'avoir un Alain Charretier,*
*Pour les servir comme elles ont mestier.*
*Car moy, qui ay trop grande experience,*
*Povois tresbien juger soubz patience*
*Leur passion tresextresme estre close.*
*J'ay maintesfois soustenu telle chose;*
*Qui me feit lors desirer de sçavoir*
*Si pis que moy elles povoient avoir.*
*En ce desir vers moy les vey venir,*
*Tousjours leurs yeux contre terre tenir,*
*Que j'apperceu, quand furent près de moy,*
*Jetter ruisseaux, dont ne peux ni ne doy*
*La verité trop estrange celer,*
*Car je les vey comme un fleuve couler.*
*Je feiz du bruit, dont elles m'adviserent,*
*Et l'une et l'autre un petit deviserent;*
*Puis, essuyans leurs yeux secretement,*
*Vindrent vers moy, me disans doucement:*
    « *Il vous seroit, ma Dame, mieux duisant*
*Parler à nous qu'à ce facheux paysant.* »
*Mais quand je vey descouvers leurs visages,*
*Ausquelz Nature avoit fait telz ouvrages*
*Qu'à leurs beautez nulle autre n'approchoit,*

Il me sembla que Nature pechoit
D'avoir laissé amortir leur couleur,
Car j'ignorois encores leur douleur.
Je congnuz lors que c'estoient les trois Dames
Que plus j'aymois, de qui Dieu corps et ames
Avoit remplis de vertus, de sçavoir,
D'amour, d'honneur, autant qu'en peult avoir
Nul corps mortel de bonté et de grace ;
Mais de beauté l'une l'autre ne passe,
Ny de façon, parole et contenance.
Leur Trinité, sans nulle difference,
Demonstroit bien, par l'union des corps,
Qu'Amour leurs cœurs unit par doux accords.
Croyez pour vray que pitié et desir

*De soulager leur couvert desplaisir*
*Me contraingnit leur dire en souspirant :*
*Un mal caché va tousjours empirant;*
*Et, s'il est tel qu'il ne puisse estre pire,*
*Il s'amoindrit quelquefois à le dire.*
*Moy donc, jugeant par trop apparens signes*
*Que vous portez le mal dont n'estes dignes,*
*Je vous requier par l'Amour, qui commande*
*Sur tous bons cœurs, ottroyez ma demande,*
*Et dites moy la douleur et la peine*
*Que vous souffrez, dont chacune est si pleine,*
*Que sans mourir ne la povez porter.*
*Si je ne puis au moins vous conforter,*
*Je souffriray, par grand compassion,*
*Avecques vous la tribulation.*
*Vous estes trois, il vault mieux estre quatre,*
*Et nous aller dedens ce pré esbatre.*
*Et ne craingnez de privément parler,*
*Car, comme vous, je promets le celer.*

*Las, ce n'est pas par doute de secret*
*Que nous craingnons compter nostre regret,*
*Lequel voudrions estre par vous escrit;*
*Mais nous voyons maintenant vostre esprit*
*Si paresseux, si faché ou lassé,*
*Que ce n'est plus celuy du temps passé :*
*Qui nous fait peur que la peine d'entendre*
*Nostre malheur refuseriez de prendre.*

Dames (pour Dieu) n'attribuez à vice
Si j'ay laissé, long temps ha, cest office,
Pensant, pour vray, qu'Amour n'avoit obmis
Un seul des tours qu'il fait en ses amys,
Qu'en mes escritz passez ne soit trouvé,
Et de mon temps veu, ouy ou prouvé.
Et si leur dis : Je reprendray la plume,
Et feray mieux que je n'ay de coustume,
Si le subjet me voulez descouvrir.
Ainsi disant, vy leurs doux yeux couvrir
D'une nuée de larmes, dont la presse
Les feit sortir par pluye trop espesse.
Me regardans, me prindrent pour aller
Dedens le pré, où longtemps sans parler
Allasmes loing ; et lors me prins leur dire :
Si ne parlez, je n'ay garde d'escrire.
Pour Dieu, tournez le pleur qui vous affole
A descharger vostre ennuy par parole.
L'une me creut, non la moins vertueuse,
Ny ennuyée, et dit en voix piteuse :

 O vous, Amans, si pitié jamais eut
Sur vous povoir de convertir en larmes
Vos tristes yeux, si jamais douleur peut
Brusler voz cœurs par ses cruelz alarmes,
Et si jamais Amour voz langues feit
Fondre, disant piteux et tristes termes,
Oyez le plaingt du cœur non desconfit,

*Mais en mourant tousjours prest de porter*
*Ce que luy donne Amour, qui lui suffit.*
*Nous sommes trois, dont le reconforter*
*Impossible est : car sans nostre amitié,*
*Sans mort, tel mal ne sçaurions supporter.*
*L'une de l'autre ha egale pitié,*
*Egale Amour, egale fantasie,*
*Tant que l'une est de l'autre la moitié :*
*Entre nous trois n'y eut onc jalousie,*
*Onques courroux, onques diversité.*
*Si l'une ha mal, l'autre en est tost saisie;*
*Du bien, aussi de la felicité,*
*L'une n'en ha que l'autre n'y ayt part,*
*Pareillement en la diversité.*

*Mort pourra bien des corps faire depart,
Mais nul malheur n'aura jamais puissance
De mettre un cœur des deux autres à part.
Or eusmes nous toutes trois jouissance
Du plus grand bien qui peult d'Amour venir,
Sans faire en rien à nostre honneur offense.
Helas! que dur m'en est le souvenir,
En me voyant advenir le contraire
Du bien tresseur que je pensois tenir!
O feint Amour, pour noz trois cœurs attraire,
Tu leur donnas la fin de leur desir,
Que tu leur viens hors de saison soustraire.
Trois serviteurs, telz que l'on doit choisir,
Eusmes par toy : dont la perfection
Un Paradis nous estoit le plaisir,
Beauté, bonté, tresforte affection,
Tresferme amour, bon sens, bonne parole,
C'estoit le pis de leur condition.
Leur amitié n'estoit legere ou fole ;
Leur grace estoit sage, douce, asseurée,
Et de vertu povoient tenir escole.
Par leur Amour grande et desmesurée
Noz cœurs aux leurs rendirent si unis,
Que la douleur nous en est demourée :
Car d'un tel heur furent si bien garnis,
Qu'ilz n'eussent sceu jamais souhaiter mieux.
Las, ilz en sont maintenant bien punis,*

Sur tout le mien, malheureux, ennuyeux,
Qui sent tresbien le cœur de son Amy
Tout different du parler et des yeux.
O trop cruel et mortel ennemy,
Qui vois mon cœur languir de telle sorte,
Que ne metz tu ton espée parmy,
En m'asseurant qu'à une autre amour porte,
Et que de moy plus il ne te souvient ?
Bien tost seroye ou consolée ou morte ;
Mais je ne sçay quel malheur te retient
De m'en celer ainsi la verité,
Ou si à toy, ou si à moy il tient.
A moy ? Las non ! Amour et Charité
Ont bien gardé mon cœur de t'offenser,
Comme toy moy, sans l'avoir merité.
Je ne sceu onc nulle chose penser
Qui pour ton bien et honneur se peust faire,
Où l'on ne m'aye soudain veu avancer.
J'ay bien voulu mon ferme cours parfaire,
Et te monstrer qu'Amour leale et bonne
Tu ne sçaurois par ta faulte deffaire
De ton costé. O trop feinte personne !
Je ne sçay riens dont te puisse arguer,
Fors que ton cœur au mien plus mot ne sonne ;
De ton parler je ne voy rien muer.
Tu dis m'aymer ainsi que de coustume,
Mais par mentir (je croy) me veux tuer.

*Car en t'aymant ma vie je consume,*
*Et, en sentant que tu ne m'aymes point,*
*Mon cœur se fait de patience enclume.*
*Il est au tien, ainsi comme il fut, joint ;*
*Et le tien non, bien qu'en mentant tu dis*
*Qu'il est tout mien : et Dieu le te pardoint !*
*Qu'est devenu le regard de jadis,*
*Qui messager estoit de ton feint cœur,*
*A qui du mien jamais ne contredis ?*
*Et le parler, qui par douce liqueur*
*Le rendoit mol et foible à se defendre,*
*Dont toy, Amy, demourois le vainqueur ?*
*Tu dis m'aymer : mais qui le peult entendre,*
*Quand tous les tours et les signes d'Amour*
*En toy voy morts et convertis en cendre ?*
*O malheureux pour moy ce premier jour*
*Où je cuydois mon heur prendre naissance,*
*Et pour jamais faire en moy son sejour !*
*Or ne voy plus en toy forme ne essence*
*De ceste Amour que je cuydois si ferme.*
*Je n'en ay plus tant soit peu congnoissance.*
*J'ay bien douté souvent (je te l'afferme)*
*Qu'en autre lieu eusse ton Amour mise,*
*Qui t'eust mis hors de cest honneste terme.*
*La verité diligentement quise*
*J'ay sans cesser, et trouvé pour certain*
*Que tu ne l'as encor en nulle assise.*

*Qu'est ce de toy? Sera ton Amour vain,*
*Ou bien est il de toy du tout sailly?*
*Dis le moy franc, et me baille la main,*
*En me quittant, sans que t'aye failly*
*La Foy promise et de moy bien gardée,*
*Et non de toy vaincu, non assailly.*
*Assez tu m'as hantée et regardée,*
*Mais en nul cas, qui sceust ou peust desplaire*
*A un amy, ne m'as veue hazardée.*
*Or ne sçay je, malheureuse, que faire,*
*Puis que de toy un mot ne puys tirer*
*De verité, qui me peust satisfaire.*
*Je te voy triste, et souvent souspirer :*
*Crainte me dit que ce n'est pas pour moy*
*Qu'ainsi te voy par douleur martyrer.*
*Amour me dit que si, et que sa Loy*
*Permet telz cas pour mieux faire la preuve*
*De ma tresferme et trop leale Foy.*
*Crainte veult bien qu'un autre Amy je treuve*
*Pour ne mourir en ce cruel tourment;*
*Amour defend que je face Amour nœuve.*
*Helas, mon cœur, quel est ton sentiment!*
*Es tu de luy aymé, ou si aymer*
*Un autre dois? Dy le moy franchement.*
*Aymé ne suis, qui m'est cas trop amer,*
*Car je le sens maugré son apparence.*
*O feint Amy, que tu es à blasmer!*

Aymer ne puis, je n'ay point la puissance,
Car long temps ha qu'en luy mis mon vouloir,
Et en perdis du tout la jouyssance.
Las! cœur, qui n'as d'une autre aymer povoir,
Et d'estre aymé as perdu le plaisir,
Tu n'as pas tort de te plaindre et douloir.
Regarde, Amy, si tu as le loisir,
S'il est tourment qui soit au mien semblable,
N'ayant nul bien, ne de nul bien desir.
Je n'ay nul bien, te congnoissant muable;
N'y je n'en veux, craingnant de rencontrer
Amy que toy moins parfait, variable.
D'aussi parfait l'on ne m'en peult monstrer,
Quant à beauté, vertu et bonne grace,
Sur qui n'y ayt nul vice à remonstrer.
Et qu'un qui fust moindre que toy j'aymasse,
Plustost mourrois que de m'y consentir;
Point ne mettray mon amitié si basse.
Je ne me puys et me veux repentir
De ceste Amour : fermeté la tient forte;
Mais la douleur la veult aneantir.
Fut il jamais douleur de même sorte?
J'ayme un Amy qui dit m'aymer ; mais quoy?
Je voy et sçay qu'Amour est en luy morte.
Laisser le doy, car clerement je voy
Qu'il est menteur; mais mon Amour honneste
Ne me permet faire ce que je doy,

*Et tant que d'œil, bouche, pied, main ou teste,
Si que d'Amour verray, rompre ne veux
Ceste amitié prise à sa grand requeste.
Si fermes sont les lyens et les nœudz
Que, si rompuz ilz sont de son costé,
Ilz sont du mien encor entiers et neufz.
Dames, croyez qu'il m'ha bien cher cousté,
Ce faux amy, et couste et coustera,
Tant qu'à la mort cœur et corps soit bouté.
La seule mort de mon cœur ostera
L'Amour de luy, qui sans luy me demeure ;
Car autre Amour mon cœur ne goustera.
Et, qui pis est, un autre ennuy sur l'heure
M'est survenu, qui le premier augmente,
Dont je ne suis pas seule qui en pleure.
Le serviteur de ceste vraye Amante,
Qui tant long temps l'ha aymée et servie,
Qu'elle en estoit tresheureuse et contente,
En fin ha eu de la laisser envie ;
Dont de l'ennuy qu'elle en prend et ha pris
J'ay bien grand peur qu'elle abbrege sa vie.
Il lui ha dit, estant d'elle repris
Et bien enquis de sa mutation,
Qu'il est ainsi de mon Amour espris.
Moy qui sçavois sa grande affection,
Et devant qui faillir à sa maistresse
Eust craint de peur de ma correction,*

*Serois je bien sy meschante et traytresse*
*Le recevoir, voyant qu'il fait mourir*
*Par son peché ma compagne en tristesse ?*
*J'aymerois mieux me voir par mort perir,*
*Qu'en la voyant porter si grand tourment,*
*Je feisse rien pour ceste Amour nourrir.*
*En sa faveur je laisse entierement*
*Voir le parler où se puisse attacher*
*L'œil et le cœur d'un si meschant Amant.*
*Je l'aymois tant et le tenois si cher,*
*Quand il l'aymoit, comme s'il m'eust aymée ;*
*Mais maintenant ne le veux approcher.*
*S'amye estoit digne d'estre estimée.*
*Il devoit bien pour jamais s'y tenir.*
*Et elle aussi d'aymer n'estoit blasmée.*
*Dames, celuy qui veult mien devenir,*
*Je n'en veux point, et son Amour me fasche ;*
*L'autre, que j'ayme, je ne puis retenir.*
*L'un est meschant, trop variable et lasche,*
*Lequel me suyt, et toujours je le fuys :*
*S'amye et moy avons trop ferme attache.*
*Celuy me fuyt que j'ayme et que je suis ;*
*Je l'ay perdu, et si ne le puis croire.*
*Helas ! jugez en quel travail je suis !*
*Je n'ay plus rien, sinon que la memoire*
*Du bien passé, qui entretient mon dueil.*
*Je croy que nul n'ha veu pareille histoire.*

*Or faites donc, ma Dame, le recueil
De mes douleurs, que n'ay voulu celer.
Taire me fault, ayant la larme à l'œil,
Car les souspirs empeschent le parler.*

*Les yeux levez au Ciel, crevez de pleurs,
Jettans torrens dont arrousoit les fleurs,
Donna silence à sa bouche vermeille :
Car la douleur, qui sembloit nompareille,
Faisoit sa voix par souspirs estouper
Tant, qu'il fallut destacher et couper
Ses vestemens, pour soulager son cœur,
Ou elle fust crevée de douleur.
Au bout du temps que nous l'eusmes tenue*

*Dessus le pré, elle fut revenue,*
*Et si me dit : Telle est ma maladie,*
*Que qui ha pis souffert que moy le die.*
*Lors se coucha près de moy morte et blesme,*
*Les autres deux feirent aussi de mesme;*
*Car un chacun de leurs doux cœurs sentoit*
*L'ennuy trop grand que la tierce portoit.*
*Moy, qui d'un mal en voyois trois pleurer,*
*Diz : Vous pourriez jusqu'au soir demeurer*
*En ce plourer, que ne povez finer,*
*Et ne sçauriez me faire deviner*
*Qui de vous trois seuffre plus de martyre,*
*Si ne voulez me le dire ou escrire.*
*Voyant du lict le Soleil approcher,*
*Vint la seconde ma main prendre et toucher,*
*Et me prier ne m'ennuyer d'attendre*
*Qu'elle me peust au long son compte rendre.*
  *Je sents, dit elle,*
*Cent et cent fois douleur aspre et mortelle*
*Plus que ne fait (point ne fault que le cele)*
  *Nulle des deux.*
*Car le cruel, lequel nommer ne veux,*
*Amy qui ha d'Amour rompu les vœux,*
  *Certes, n'est digne*
*Qu'à luy je parle, ou que luy face signe*
*Ny de plaisir ny de cholere myne.*
  *D'en dire mal,*

De l'appeller traytre, faux, desloyal
Et plus cruel que nul autre animal,
    Ce seroit peu
Pour amoindrir de mon courroux le feu.
J'ayme bien mieux laisser jouer ce jeu
    A la premiere,
Qui de luy dire injure est coustumiere.
Elle luy est ainsi qu'une lumiere
    Devant ses yeux.
Son cœur changeant, trop feint et vicieux
Elle congnoist, et si luy sict bien mieux
    De le blasmer
Que non à moy : car de desestimer
Celuy que tant l'on ha voulu aymer
    N'est pas bien fait.
S'il est meschant, variable, imparfait,
D'elle le voy si tresmal satisfait,
    Si desdaigné,
Si refusé, desprisé, eslongné,
Qu'il ha tresmal en ce cas besongné
    D'aller à elle.
Pas ne pensoit la trouver si cruelle.
Elle le hayt bien fort, et ne luy cele
    Ces fascheux tours.
Elle le fuyt en tous lieux et tousjours.
Or ha il bien maintenant le rebours
    De son attente.

*Mais de son mal je suis si mal contente,
Et en soustiens douleur si vehemente,
            Que plus n'en puis.
Je suis quasi dessus le bort de l'huys
De desespoir, et ne crains profonds puyts
            Ny haute tour,
Où volontiers, sans espoir de retour,
Ne me jettasse, pour deffaire l'Amour,
            La paction,
Le souvenir, memoire, affection,
Qui de mon mal sont generation
            Si importable,
Et, qui pis est, si irremediable,
Qu'à ma douleur n'en est nulle semblable.
            Je l'ay aymé
De si bon cœur, tant creu, tant estimé,
Que cœur et corps estoit tout abismé
            En l'amitié
Que luy portois. Encor ay je pitié
D'ainsi le voir puny et chastié
            De son peché.
Helas, mon Dieu, comment s'est il fasché
De mon Amour, et ainsi destaché?
            Onques offense
Je ne luy feis, fors que la resistence
Pour quelque temps, où il feit telle instance,
            Et si honneste,*

Qu'avec honneur je povois sa requeste
Bien acorder; et puis par longue queste,
   Par long service,
Par forte Amour, qui faisoit son office,
Gaigna mon cœur, voyant le sien sans vice.
   O la victoire
Dont le vaincu recevoit telle gloire
Que le vainqueur! Helas! qui eust peu croire
   Qu'elle eust duré
Si peu de temps, ny que j'eusse enduré
Si longuement mal si desmesuré
   Sans souffrir mort?
Helas! jugez, mes Dames, si son tort
N'est pas égal à l'Amour qui trop fort
   Mon cœur tourmente,
Et si autant ne suis leale amante
Comme il est faux! Dont si je me lamente,
   J'ay bien raison.
En me cuydant tromper par trahison,
Luy mesme ha beu ceste amere poison
   Qui tant le blesse.
Il est puny par beauté et rudesse;
Mais son ennuy n'amoindrit ma tristesse.
   Car son cœur lasche
M'ennuye fort, et me desplaist qu'il fasche
A celle là, qui ne peult avoir tache
   D'avoir permis

## LA COCHE.

Qu'il la servit. Ailleurs son cœur ha mys,
Lequel ne peult endurer deux amys,
  J'en suis bien seure.
Son desplaisir avec le mien je pleure.
En la cerchant il la fasche à toute heure,
  Mais plus à moy,
En me laissant, dont suis en tel esmoy,
En telle ennuy où nulle fin ne voy,
  Qu'à bien grand peine
Se peult penser la douleur qui me meine.
Je me contrains, et ris, et fais la saine,
  Et je me meurs.
Ces Dames cy, qui congnoissent mes mœurs,
Sçavent quelz maux, foiblesses et douleurs
  Je dissimule :
Dont au dedens le double en accumule
Par desespoir, qui sans fin me stimule
  De me donner
Du tout à luy; mais, peur d'abandonner
Ces deux, me vient si tresfort estonner,
  Que mieux veux vivre
En ce tourment, sans en estre delivre,
Que leurs deux cœurs à tel ennuy je livre.
  Pour elles vis,
Et vivre veux du tout à leur devis,
Et pour moy non. Par quoy il m'est advis
  Que pis que morte

*Chacun me peult tenir en ceste sorte,*
*Puis que la Mort (qui seule me conforte)*
*Je veux fouir.*
*C'est tout mon bien; mais je n'en veux jouir*
*Que leurs deux corps je ne voye enfouir*
*Avecques moy en noire sepulture.*
*Noz trois malheurs me feront resjouir*
*D'estre assemblez soubs une couverture.*

*Lors un despit et courroux nompareil*
*Feirent soudain son visage vermeil,*
*Et la douleur sa parole coupa,*
*Tant qu'à peu près elle ne sincopa :*
*Car par trois fois je la viz defaillir,*
*Sans que des yeux il peust larmes saillir.*

*Le cœur serré, jetta si piteux crys,*
*Qu'à les monstrer defaillent mes escritz.*
   *Mais en voyant la tierce que la place*
*Luy demouroit, me dit de bonne grace :*
*Ma Dame, autant que douleur les tourmente,*
*Souffrans l'ennuy de leurs ingrats amys,*
*L'Amour parfait qui dens mon cœur s'est mys*
*Fait que n'ont mal qu'ainsi qu'elles ne sente :*
*Car mon vouloir au leur est si uny*
*Que si leurs cœurs ont peine pour aymer*
*Ceux que l'on peult cruelz amys nommer,*
*Le mien en est comme les leurs puny.*
*Comme elles j'ay creu leurs amys loyaux,*
*Lesquelz j'aymois comme le propre mien,*
*Participant en leur plaisir et bien*
*Comme je veux avoir part en leurs maux.*
*Si j'ay eu part en leur felicité,*
*Où si bien fut nostre union gardée,*
*Seroit donc bien maintenant retardée*
*Ceste union pour leur necessité ?*
*Non, mais courir veux aussi viste qu'elles*
*A leur malheur, sans jamais departir,*
*Jusques à ce que l'Ame pour partir*
*Aura reprins ses ælles immortelles.*
*Peine, tourment, voire dix mille morts,*
*Ne me feront peur de m'en tenir près.*
*Si mort les prend, pourrois je vivre après,*

*Sentant mourir les deux parts de mon corps ?*
*Si j'avois mal, et les deux eussent bien,*
*Il suffiroit pour me reconforter,*
*Car leur Amour pourroit mon mal oster :*
*Contre une deux ont grand force et moyen.*
*Si mon ennuy perdois pour leur plaisir,*
*Pour leur ennuy perdre je doy aussi*
*Tout mon plaisir, sans point avoir mercy*
*De cœur, de corps, d'Amour ny de desir.*
*Or je le veux, et ainsi le concluz :*
*Puis que je voy leur mal intolerable,*
*Je veux le mien faire irremediable,*
*Et que de moy tout plaisir soit forclus.*
*Pleines d'ennui sont, que porter leur fault,*
*Non pas pour moy, mais contre leur vouloir;*
*Moy de plaisir, auquel pour mon devoir*
*Hors de mon cœur je fais faire le sault.*
*Ma Dame, helas! pensez l'extremité*
*Là où je suis; ayez pitié de moy.*
*Voyez mon mal, mon trouble, mon esmoy;*
*Voyez Amour par Amour limité.*
*L'Amour des deux me dit : O meschant cœur,*
*Vous voudriez vous tant à plaisir donner,*
*Et ces Dames ainsi abandonner*
*En leur malheur par un seul serviteur?*
*Las! rirez vous quand elles pleureront,*
*Et à plaisir tiendrez les yeux ouvers*

*Quand de douleur verrez les leurs couvers,*
*En regardant leur Amour qui se rompt?*
*Jouyrez vous du voir et du parler*
*De vostre Amy, par grand esjouyssance,*
*Quand elles n'ont d'un tel bien jouyssance?*
*Les lairrez vous? ne le vueillez celer.*
*D'autre costé, l'Amour du plus loyal,*
*Du plus parfait qui soit dessus la terre,*
*Me vient mener une cruelle guerre,*
*En me disant : Pensez au plus grand mal.*
*Vous sçavez bien qu'en laissant vostre Amy,*
*Duquel si bien avez esté servie,*
*Vous luy ostez soudainement la vie,*
*Car son cœur est du vostre le demy.*
*Que fera il se voyant separé*
*De sa moytié? Croyez qu'il ne peult vivre.*
*Sera chacun des cœurs d'elles delivre*
*De leur ennuy le voyant esgaré?*
*Si vostre mort leur apportoit secours,*
*Droit à la mort il vous faudroit courir.*
*Mais un Amy loyal faire mourir*
*Sans leur servir, c'est estrange discours.*
*Las! quel Amy est ce que vous laissez?*
*Vous n'en sçavez au monde un plus parfait;*
*Et nul bien n'ont les deux en ce beau fait,*
*Fors que leurs maux par le vostre oppressez.*
*Voilà comment les deux Amours ensemble*

*M'assaillent, las! en grand confusion.*
*Si m'y fault il mettre conclusion.*
*Je le diray, bien que le cœur m'en tremble :*
*Puis que leur mal est ma Mort, et leurs vies*
*Ma vie aussi, si j'ay receu plaisir*
*De leurs plaisirs, je n'ay moindre desir*
*Qu'en leurs malheurs de moy soient suyvies.*
*Or ont perdu, sans sçavoir bien pourquoy,*
*Leurs deux Amys, soit par faulte ou malheur ;*
*Mais moy je perds, sans raison ny couleur,*
*Celuy qui n'a jamais faulsé sa foy.*
*Sa loyauté est vray'ment nompareille ;*
*Il n'a rien fait qui jamais me despleust :*
*Sa grand' Amour, que chacun cercher deust,*
*Je laisse et fuys : n'est ce pas grand' merveille?*
*Je le tiens tel, si parfait et si bon,*
*Que je voudrois le mettre en trois parties,*
*Et si serions toutes trois bien parties,*
*Quand des deux parts je leur ferois le don.*
*L'honneste amour de parler et de voir,*
*Là où l'honneur trouve contentement,*
*Se peult partir, quand volontairement*
*Le bien on laisse où l'on ha tout povoir.*
*J'ay le povoir de bien les contenter ;*
*De chasque jour les deux pars je leur donne,*
*Et mon plaisir toutesfois n'abandonne;*
*Car par le leur il pourra augmenter.*

Las! en sentant de chacune d'eux l'ayse,
J'en auray plus que je n'ay de la mienne;
Et mon Amy aussi aura la sienne,
Ne faisant riens qui bien fort ne me plaise.
Mon Amy seul, qui en vault plus de trois,
Sera des trois Amy. O quel lien,
Qui quatre cœurs unira sans moyen
Et un vouloir! Helas! je le voudrois,
Mais j'ay grand peur que pour ces deux folatres,
Qui sont payez trop d'une larme d'œil
Vueillent plustost ainsi mourir de dueil,
Que d'avoir mieux, tant sont opiniatres.
Puis qu'elles n'ont cure d'un tel party,
Mon cœur au leur est uny si tresfort,
Que, sans avoir esgard à peine ou mort
De mon Amy, il sera departy.
Las! qu'il est dur ce mot à prononcer!
Laisser ainsi mon bien, mon heur, ma vie!
Helas! Amy, à la mort te convie,
Lors qu'on t'ira cest Adieu prononcer!
Que diras tu, Amy, de ton Amye?
Ou que l'Amour luy ha trop cher cousté,
Ou tu pourras juger d'autre costé
Qu'elle te hayt, la nommant ennemye.
Amour me met en un merveilleux trouble,
Qui d'un costé loue ma fermeté,
Et d'autre part defait de seureté

*Le vray lyen, qui rendoit un bucouble.*
*O que la mort viendroit bien à propos !*
*Car luy ne moy, en ce departement,*
*N'aurons jamais qu'à son advenement*
*Contentement, bien, plaisir ne repos.*
*Or venez donc, et par compassion*
*Mettez noz corps uniz en terre obscure,*
*Avant souffrir qu'au departir j'endure*
*Si très extreme et dure passion.*

*Ainsi parlant, s'appuyant contre un arbre,*
*En la façon d'une femme de marbre,*
*Qui n'ha chaleur, vie ne mouvement,*
*Les yeux fermez, les dentz pareillement,*

*A ses souspirs defailloit son haleine.*
*Moy, qui la veis en si cruelle peine,*
*Je prins ses mains à frotter et tenir,*
*Tant qu'un petit je la feis revenir.*
*Et, en tournant son œil triste vers nous,*
*Nous dit : Helas! que vostre ennuy est doux*
*Au prys du mien, qui ne peult plus durer!*
 *Ce que ne peult la premiere endurer :*
*Vous n'avez mal (dit elle) qu'un tout seul,*
*C'est de laisser pour nous vostre plaisir;*
*Mais j'en ay deux qui agravent mon dueil.*
*Las! je n'ay pas seulement le loisir*
*De regretter de mon Amy la perte,*
*Que le second ne me vienne saisir.*
*Amye, helas! si ma douleur couverte*
*Sentiez, qui est fondée en ignorance,*
*Dont ne m'est point la verité ouverte,*
*Vous jugeriez n'avoir point la puissance*
*De la porter, car elle est par trop greve.*
*Or Dieu vous gard de telle congnoissance!*
*Puis que l'honneur met à vostre amour treve,*
*Plaisir avez gardant la longue Foy,*
*Que nous devez de la rendre ainsi breve.*
*Si vous sçaviez aussi bien comme moy*
*Que c'est de vivre en doute et en suspens,*
*Peu vostre mal estimeriez, je croy.*
*S'il me disoit : D'aymer je me repens,*

J'en osterois mon cœur, qui de douleur
Perpetuel en paieroit les despens.
J'estimerois à grand heur ce malheur,
Bien que ce n'est peu de despit ou honte
D'estre laissée ainsi d'un serviteur.
Le deplaisir en est tel, et tant monte,
Que d'en laisser Cent de sa volonté,
Ce n'est ennuy dont l'on deust tenir compte.
Vostre cœur est de desespoir tenté
Pour vostre Amy, c'est chose raisonnable ;
Aussi est il d'honneur bien contenté,
Rendant l'Amour de l'union louable
D'entre nous trois ; la gloire en recevez,
Qui vostre ennuy doit rendre tolerable.
Certes le mien, si bien l'appercevez,
Verrez plus grand que le vostre trois fois,
Si par saveur vous ne vous decevez.
Le moindre ennuy, dequoy compte ne fois,
C'est de fuyr le plaisir d'estre aymée
D'un treshonneste et parfait : toutesfois
L'autre ennuy est que je voy abymée
En desespoir celle que j'ayme tant,
Par celuy seul dont je suis estimée.
Le tiers ennuy trop cruel, qui pretend
Me mettre à Mort, c'est la doute craintive,
Aymant tresfort, de n'estre aymée autant.
Que dis je, autant ? mais que l'Amour naïve

Soit morte en luy, ainsi que je la sens
Dedens mon cœur plus parfaite et plus vive.
 Ces trois ennuys me mettent hors du sens,
Et si ne voy moyen de m'en defaire,
Sinon mourir : à quoy je me consens.
Et n'est ennuy qui tant de mal sceust faire,
S'il est congnu, qu'on ne treuve moyen
Pour quelque peu aumoins y satisfaire ;
Mais mon mal est incapable de bien,
Car je le sens, et n'ay nulle asseurance
Si mon Amy tient ou rompt ce lien.
Si juger veux par tresseure apparence,
Je dis qu'il est rompu ; mais son jurer
Me vient donner du contraire esperance.
Las ! mon ennuy est pour long temps durer ;
Car le suspens de la conclusion,
Qu'il fait d'aymer, me contraint d'endurer.
Son doux parler m'est une illusion,
Qui m'aveuglist sens et entendement,
Et de l'aymer me donne occasion.
Helas ! ses faits parlent bien autrement !
Par eux je voy que de luy suis laissée.
Il dit que non : verité dit qu'il ment.
Par ses effectz ma joye est rabaissée,
Par son parler elle se resuscite ;
Ainsi des deux, sans cesser, suis pressée.
Si grand douleur grande pitié incite.

*Plus que de vous ayez compassion*
*De mon malheur, qui à la mort me cite.*
*Celle qui n'ha riens qu'une passion,*
*Dont la cause est congnue et bien certaine,*
*O quell' est près de consolation !*
*De Si et Non j'ay la teste si pleine,*
*Que si le pis des deux povois sçavoir,*
*Je le tiendrois à grace souveraine ;*
*Mais le suspens surmonte mon povoir.*
   *Comment ? comment ?*
*Soustenez vous estre plus grand torment*
*Douter l'Ouy ou Non de vostre Amant*
   *(Dit la seconde),*
*Que de sçavoir par espreuve et par sonde*
*Que changement au plus profond abonde*
   *De son faux cœur ?*
*Estimez vous souspeçon, doute et peur*
*Comme un sçavoir certain, sans nul erreur ?*
   *C'est cas estrange.*
*Mais moy, qui sçay de mon Amy le change,*
*Que je t'envoye aussi parfait qu'un Ange,*
   *Que puis je faire ?*
*Puis qu'il m'a dit, sans point se contrefaire,*
*Qu'il se vouloit de mon Amour defaire,*
   *Pour la remettre*
*Du tout en vous, ce que jamais permettre*
*N'avez voulu, mais bien vous entremettre,*

## LA COCHE.   235

   *Par la pitié*
*Qu'aviez de moy, rabiller l'amitié*
*Dont je retiens moy seule la moytié.*
   *Si vous avez*
*Peine à fuyr ce qu'aymer ne devez,*
*Que doy je avoir, sinon les yeux crevez*
   *De lamenter*
*Celuy qui tant me souloit contenter,*
*Qui ne me veult plus aymer ny hanter?*
   *Las! je le perds,*
*Qui fut tout mien, et à beaux yeux ouvers*
*Le voy fuyr, non pas par les desers*
   *Ny lieu sauvage,*
*Mais droit à vous; et devant mon visage*
*Il ha trouvé son saint pelerinage.*
   *Il auroit bien*
*Changé en mieux, s'il ne sçavoit combien*
*Nous nous aymons, et que ce qui est mien*
   *Est vostre aussi.*
*Il fuyt de moy, cerchant de vous mercy :*
*Pour vostre* Non, *il perd de moy le* Si,
   *O cruauté!*
*En mon endroit par sa desloyauté,*
*Et dens son cœur par vostre grand beauté.*
   *Car un seul compte*
*Vous n'en tenez. O mon Dieu! quelle honte*
*Il doit avoir, et peur que je racompte*

A vous, amye,
Et vous à moy, le discours de sa vie !
Car entre nous sa trop faulse alquemie
   Est descouverte,
Dont à moy seule en demeure la perte.
Vous ne sçavez si elle est meure ou verte,
   Ceste douleur.
Plus il vous dit sa peine et son malheur,
Plus vous moquez de son mal, et couleur
   Point n'en changez ;
Et puis de luy si fort vous estrangez,
Que je voy bien que mon tort vous vengez
   Tout en riant.
Et je m'en vois à part, pleurant, criant,
Et Dieu et Saints requerant et priant
   Pour mon aïde,
Car je n'y voy sans miracle remide.
Je l'ay perdu, et n'y ha croix ne guide
   Qui radresser
Le sceust vers moy. Je ne le veux presser ;
Et si ne puys son amour delaisser,
   Qui est plantée
Dedens mon cœur et sy tresfort entée
Que, bien qu'il m'ayt du tout mal contentée,
   Je n'ay vigueur,
Force ou povoir de l'oster de mon cœur,
Qui est nourry et plein de sa liqueur,

# LA COCHE.

      Et transmué
En cest Amour tant que, s'il n'est tué,
Il n'en sera separé ne mué.
      Or donc pensez
Quel vostre ennuy est, que vous avancez
Plus que le mien, en quoy vous m'offensez
      Le pis de vous,
C'est le douter. Las, qu'il me seroit doux!
Je jugerois mon amy tous les coups
      Avoir le droit.
Ce souspeçon pour un temps me vaudroit,
Et, contre Non, Ouy me soustiendroit.
      Mais de ce Non
Certaine suis, non point par faux renom.
Car toutes trois pour meschant le tenon,
      Pour variable,
Traytre et menteur ; et moy, pour immuable
En fermeté, honorable et louable :
      Qui me contraint
Qu'autant de temps qu'en amour juste et saint
Je l'ay porté dedens mon cœur empraint
      Par amour forte,
Autant de temps pour meschant je le porte.
Impossible est que jamais il en sorte.
      Sa lascheté
Donnera force à ma grand' fermeté.
O que l'honneur sera cher acheté

    *De ne partir*
*Hors de l'amour dont le voy departir !*
*Où est l'esprit comme le mien martyr?*
    *Il n'en est point.*
*Loyauté l'ha si fort en moy conjoint,*
*Que mon cœur sien n'est plus ; mien, c'est le poinct.*
    *Et si mourir*
*Me fault sans cœur, à la mort puis courir :*
*Car arrachant celuy qui peult nourrir*
    *En luy la vie,*
*De luy bien tost elle seroit ravie.*
*Las, j'aurois bien de ceste mort envie :*
    *Mais luy en moy*
*Vivre me fait en tel dueil et esmoy*
*Qu'il me faisoit vivre d'Amour et Foy*
    *En grand plaisir,*
*Durant le temps que par heureux loisir*
*Me racontoit son honneste desir.*
    *Or est passé*
*Tout ce beau temps, où je n'ay amassé*
*Rien que regret et espoir que son tort*
*M'apportera, bien congnu par ma mort,*
*De tous Amans requiescant in pace.*

 *La tierce, oyant leur gracieux debat,*
*Plus par ennuy que par plaisant esbat,*
*Dit : Je vous pry et requiers toutes deux*
*N'estimer tant l'une sa peur et doute,*

L'autre son dueil, qu'un peu l'on ne m'escoute,
Puis que pour vous de bon cœur souffrir veux.
Voz maux sont grans, nulle doute n'en fais :
Vivre en suspens, sans resolution,
Par l'amy plein de toute fiction !
Mais le mien n'est pas moindre toutesfois,
Car mon amy loyal et veritable,
Où j'ay trouvé tout ce que je desire,
Me fault laisser, pour me faire en martyre
Et en malheur à vous autres semblable.
Las, si en luy sçavois rien d'imparfait,
Ou qu'envers moy en quelque cas eust tort,
Nostre lien, qui en seroit moins fort,
Sans grand douleur plus tost seroit deffait.
Mais il n'y ha occasion aucune
Entre nous deux : qui double mon tourment,
D'ainsi laisser un si parfait Amant
Pour recevoir part en vostre infortune.
S'il ne m'aymoit, il me seroit aisé
De le laisser ; ou bien si en doutance
J'estois de luy : par si grande inconstance
Mon dueil seroit doucement appaisé.
Helas ! il n'ha rien d'imperfection,
Car son corps est et son cœur sans nul vice;
En tout honneur m'ha fait loyal service.
Las, dure en est la separation !
Laisser celuy de qui ne suis aymée,

*Qui ne le vault, qui est feint et meschant,*
*Ou qui de nous la honte va cerchant,*
*Je n'en pourrois estre mal estimée ;*
*Mais d'un parfait qui m'ayme tant, helas!*
*Le departir m'en est trop importable,*
*Car son Amour demourra pardurable*
*Dedens mon cœur, qui de l'aymer n'est las.*
*Je perds de luy la parole et la veüe,*
*Et tout le bien dont je soulois jouir,*
*Et ne retiens rien pour me resjouir*
*Que son Amour, dont je suis biens pourveue.*
*C'est bien raison qu'après le congé pris,*
*Que dis-je pris? mais donné sans sa faulte,*
*Sa grand' Amour tant vertueuse et haulte*
*Se met ailleurs; jà n'en sera repris.*
*Mais ceste là que j'ay par luy conceüe*
*Me demourra pour douce nourriture.*
*Dedens mon cœur de tant ferme nature*
*Nulle autre Amour ne sera plus receue.*
*Vous deux perdrez l'Amour de voz amys,*
*Mais d'eux avez la parole et la veüe.*
*Moy, j'ai l'Amour trescertaine et congnue,*
*Mais tout plaisir pour vous j'ay dehors mys :*
*Car le parler et le voir j'ai quitté;*
*Cest tout mon bien que pour vous j'abandonne.*
*O quel thresor, Amyes, je vous donne!*
*Fault il qu'Amour ainsi vers vous m'aquitte?*

*L'on tient qu'il n'est nul plus cruel martyre*
*Que pour son Dieu d'un propos volontaire*
*Fuyr plaisir, et en lieu solitaire*
*Soy separer du bien que l'on desire.*
*Car le martyr, souffrant cruel tourment*
*Par main d'autruy, met toute sa science*
*De soustenir son mal par Patience,*
*Qui de tous maux est le soulagement.*
*Vous endurez, par le tort et le vice*
*De voz amys, en depit de voz cœurs,*
*Pis que la Mort : ô petites douleurs,*
*Mises au près de mon grand sacrifice!*
*Pour vous aymer, celuy où je me fie*
*Trop plus qu'à moy, que j'ayme, que j'estime,*
*Mon bien, mon heur, j'en fais une victime,*
*Et volontiers pour vous le sacrifie.*
*Non pas que mort le vueille presenter,*
*Mais tout vivant, qui m'est plus grand regret,*
*Sans retenir un seul bien en secret,*
*Ny d'un seul mal me vouloir exempter.*
*Avecques luy, tout plaisir je renonce*
*De voir, d'ouyr, de penser, de parler.*
*Parquoy d'ennuy (point ne le fault celer)*
*J'en ay le marc, si vous en avez l'once.*
*Sa grand' beauté et sa perfection*
*Entretiendront en moy ceste Amour forte,*
*Qui n'aura fin tant que je seray morte.*

En ce poinct seul j'ay consolation,
Car d'esperer jamais plus le r'avoir,
L'ayant laissé, ce seroit grand folie.
Ou il mourra par grand' melencolie,
Ou il fera d'aymer ailleurs devoir.
Las! s'il en meurt, je perds mon esperance;
S'il ayme ailleurs, plus à moy ne viendra,
Car, où l'Amour le lyera, se tiendra.
Je congnois bien sa grand' perseverance.
Mort ou aymant, je le perds sans espoir
De le ravoir; ma perte est toute entiere.
Mais vous avez, Dames, d'espoir matiere,
Ce que je veux bien cler vous faire voir.
Si l'une voit les effects accorder
De son amy avecques sa parole,
Je ne la tiens si sotte ne si fole
Qu'elle voulust ses fautes recorder.
A l'autre aussi, l'amy qui s'en viendroit
Luy demander en grande repentance
Pardon en lieu de dure penitence,
Plus de ses maux il ne luy souviendroit.
Or tous ces biens vous peuvent advenir,
Car vous n'avez pas eslu vostre peine;
Mais moy, je suis de ma perte certaine,
Sans nul espoir qu'il puisse revenir.
Que perdez vous? Un mauvais et un feint;
Et moy, un bon, sans vice ne sans feinte.

*Lequel perdant, mourir je suis contrainte,
Laissant le bien que perdre j'ay tant craint.
Fortune ou Dieu ce bien icy ne m'ouste,
C'est moy sans plus qui de mon cœur l'arrache,
A fin que mieux unie je m'attache
A voz malheurs. O que cher il me couste!
Bref, voz espoirs et ma desesperance,
Les meschans tours de voz cruelz amys,
Et les vertus que Dieu au mien ha mys,
Font de voz maux au mien la difference.*

*Plus tost le jour nous eust peu defaillir
Que ces Dames de leurs propos saillir,
Qui me sembloit estre à recommencer.*

*Mais, regardant la nuict trop s'avancer,*
*Contrainte fuz d'empescher le discours*
*De leurs propos, que je trouvois trop cours;*
*Car je n'ouy onques femmes mieux dire,*
*Pour sentir tant qu'elles d'ennuy et d'ire.*
*Et si le lieu où failloit retourner*
*Eust esté près, voluntiers sejourner*
*Qu'on nous eust veu jusques au lendemain,*
*Passant la nuict à ce doux air serain !*
*Celles en qui serain, travail, sommeil,*
*N'estoit senty, et du trescler Soleil*
*L'absence estoit de leurs yeux incongnue,*
*Et de la nuict la soudaine venue,*
*Congnurent bien, escoutans ma raison,*
*Que du partir estoit heure et saison :*
*Qui leur despleut, Car chacune n'avoit*
*De son ennuy dit ce qu'elle sçavoit.*
*Parquoy en pleurs voulurent reveler*
*Ce que le temps les contraingnoit celer,*
*Et de souspirs et larmes feirent langues*
*Pour achever sans parler leurs harangues.*
*Las ! ce plourer me monstra le tourment*
*Dont ne sçavois que le commencement.*
*Par leur parler les larmes confermerent*
*Quel fut l'ennuy de celles qui aymerent.*
*Je ne croy pas que perdre pere et mere*
*Sceust engendrer passion plus amere*

*Que je leur veis porter et soustenir.*
*Mais, sur le poinct de nous en revenir,*
*Prindrent leurs crys et pleurs à redoubler,*
*Tant que soudain feirent le ciel troubler,*
*Qui d'elles print telle compassion*
*Que sa douceur par grand' mutation*
*Se convertit en tonnerre et tempeste,*
*En pluye et vent, tant qu'aux champs n'y eut beste*
*Qui ne cherchast caverne ou couverture*
*Pour se cacher. Voyans telle aventure,*
*En essuyant leurs yeux et leurs visages,*
*Toutes les trois, tant honnestes et sages,*
*D'abandonner ce pré furent contraintes,*
*Laissans au ciel achever leurs complaintes.*
*La pluye en creut. Lors chacune descoche,*

*Et toutes trois nous mismes en la Coche*
*Qui attendoit nostre departement,*
*Courants après les autres vistement.*
    *Mais en allant pour oster le discord*
*De leur propos et les mettre d'accord,*
*Je leur requis vouloir un Juge prendre,*
*Qui leurs debats voulust et peust entendre.*
*Car, aussi tost que l'une j'escoutois,*
*De son costé soudain je me mettois ;*
*Et puis, quand l'autre avoit compté son cas,*
*A qui ne fault bailler nulz advocats,*
*Je me rendois à son opinion.*
*Pour les tenir donques en union,*
*Un bon esprit leur estoit necessaire.*
*Et quant à moy, je m'obligeois de faire*
*Tout mon povoir, que je sens trop petit*
*Pour reciter non à mon appetit*
*Tous leurs propos, mais au moins ma puissance*
*N'espargneray à donner congnoissance*
*De leurs ennuys, comme leur ay promis,*
*Sans qu'un seul mot de leurs dits soit obmis.*
*Nostre debat (ce me dis la premiere)*
*Met nostre esprit en telle obscurité*
*Qu'il ne nous fault bien petite lumiere*
*Je n'en sçay qu'un qui, à la verité,*
*Puisse juger qui plus ha de douleur*
*Et plus d'honneur par souffrir merité :*

C'est celuy seul duquel la grand valeur
N'ha son pareil, et à tous est exemple
Des grands vertus par qui s'acquiert honneur.
C'est luy qui peult triompher en son temple,
Ayant passé par celuy de vertu.
C'est luy que Ciel, et Terre, et Mer contemple.
La terre ha joye, le voyant revestu
D'une beauté qui n'ha point de semblable ;
Au prys duquel tous beaux sont un festu.
La Mer devant son povoir redoutable
Douce se rend, congnoissant sa bonté,
Et est pour luy contre tous favorable.
Le Ciel s'abaisse et, par amour dompté,
Vient admirer et voir le personnage
Dont on luy ha tant de vertu compté.
C'est luy, lequel tout le divin lignage
Des Dieux treshaults ont jugé qu'il doit estre
Monarche, ou plus, si se peult davantage.
C'est luy qui ha grace et parler de maistre,
Digne d'avoir sur tous gloire et puissance ;
Qui sans nommer assez se peult congnoistre.
C'est luy qui ha de tous la congnoissance,
Et un sçavoir qui n'ha point de pareil,
Et n'y ha rien dont il ayt ignorance.
De sa beauté, il est blanc et vermeil,
Les cheveux bruns, de grande et belle taille.
En terre il est comme au ciel le Soleil ;

*Hardy, vaillant, sage et preux en bataille,
Fort et puissant; qui ne peult auoir peur
Que Prince nul, tant soit puissant, l'assaille.
Il est bening, doux, humble, en sa grandeur
Fort et constant, et plein de patience
Soit en prison, en tristesse, ou malheur.
Il ha de Dieu la parfaite science,
Que doit avoir un Roy tout plein de Foy;
Bon jugement et bonne conscience.
De son Dieu garde et l'honneur et la Loy;
A ses subjets doux, support et Justice.
Bref, luy seul est bien digne d'estre Roy.
Si pour l'enfant esteint par trop grand vice,
A Salomon demanderent les femmes
Le Jugement par son Royal office,
Vous ne povez encourir aucun blasme
Quand à ce Roy, plus grand que Salomon,
Presenterez la douleur de voz ames.
Et s'il luy plaist lire ce long sermon,
Il jugera qu'il soustient la plus grande.
Aussi l'amour, dont point ne nous blasmon,
Dames, le Roy pour Juge je demande,
Qui jugera en nostre affection
L'honneur, aussi à nostre fiction
Punition par honorable amende.*

*Quand je la veis choisir sy hautement,*

*Crainte me print, en luy disant : Vray'ment
Si devant l'œil d'un sy parfait esprit
Failloit monstrer mon trop mal fait escrit,
Vous pourrez bien prendre ailleurs secretaire.
J'aymerois mieux me desdire et me taire,
Car d'empescher sa veüe et son bon sens
Sur mes beaux faits, jamais ne m'y consens.
Les plus parfaits, où n'y ha qu'à remordre,
Liment leurs faits et les mettent en ordre
Premier qu'oser, sans bien les acoustrer,
Devant tel Roy sy sçavant les monstrer,
En craingnant plus de luy le jugement
Que du surplus de tout le firmament.
Moy donc, qui suis des escrivans le moindre,
Et moins que Rien, ne doy je pas bien craindre
Voz bons propos, bien dignes d'estre veuz,
Rendre par moy indignes d'estre leuz
Devant le Roy, où ne fault presenter
Rien qui son sens ne puisse contenter ?
Plus le louez, plus de crainte me prend,
Car c'est celuy de qui chacun apprend,
Qui sçait louer le bien en verité,
Et rendre au mal ce qu'il a merité.
Or choisissez un Juge tel que moy;
Car, s'il failloit monstrer devant le Roy
Un si tres bas et mal tissu ouvrage,
Je n'aurois pas d'escrire le courage.*

    Le Roy vrayment
(Dit l'autre après) j'eusse eslu justement,
Car qui est plus que luy parfait amant,
    Ne qui entend
Mieux qu'il ne fait où vraye amour pretend ?
Il ha aymé sy fort, sy bien et tant,
    Qu'il peult entendre
Ce qui en est et la raison en rendre
Par son bon sens, qui à tous peult apprendre.
    L'amour loyal,
Ferme et parfait, dedens son cœur royal
Ha fait son throne et son hault tribunal,
    Pour juger tous
Les vrays amants, sages, hardis et doux,
Et se moquer des glorieux et foulz
    Qui font les braves,
Oultrecuidez pensans faire les graves,
Puis refusez. Bien sots sont les esclaves,
    Car c'est le rolle
Qu'il faut jouer, où default la parole
Et le bon sens. Et quelque povre fole
    Ou les craindra
En bravegeant, ou pour morts les tiendra,
Ne parlant plus : ce que point n'aviendra
    A une sage,
Qui prend plaisir d'ouyr un bon langage,
Dit d'un bon cœur vertueux, d'un visage

*Plein d'une audace,*
*D'une douceur et d'une bonne grace*
*Qui plaist tousjours à chacun. Quoy qu'il face,*
  *Celuy aura*
*Du Roy l'honneur : bien choisir le sçaura*
*Par luy chacun bien recevoir pourra*
  *Juste sentence.*
*Luy seul congnoit l'estre et la subsistence*
*D'amour, le bien, aussi la penitence*
  *Qu'il peut donner.*
*Combien qu'il soit Roy et puisse ordonner,*
*Son cœur humain n'ha craint d'abandonner*
  *L'autorité*
*De commander contre la charité.*
*Il ayme mieux souffrir l'austerité,*
  *La passion*
*Que donne à tous le Dieu d'affection.*
*Et, comme estant d'autre condition,*
  *Veult s'asservir*
*Par ferme amour, par seur et long servir,*
*Et par vertus, des Dames desservir*
  *Bon traitement,*
*En desprisant force et commandement.*
*S'il lui plaisoit, il feroit autrement;*
  *Mais son hault cœur*
*Ha joint l'amour, la vertu et l'honneur,*
*Qui l'ha rendu de cruauté vainqueur.*

*Pourquoy la palme,*
*Louenge, et gloire, et renommée, et fame,*
*Luy doit d'amour tout homme et toute femme.*
   *Puis que luy seul*
*Vous n'acceptez pour juge, dont j'ay dueil,*
*Vous qui avez fait ce piteux recueil*
   *De notre histoire,*
*Vous en avez mieux qu'un autre mémoire,*
*Et n'estes pas sans quelque experience,*
*Que c'est d'amour, je vous en vueil bien croire.*
*Or jugez nous en bonne conscience.*

*Je ne veux point de mon sens abuser,*
*Mes Dames, dis je, ains tresbien m'excuser,*
*Que je ne suis pour juger suffisante,*
*Et aussi peu à escrire duisante*
*Vostre debat ; mais desir de sçavoir*
*Tous voz ennuys, ignorant mon povoir,*
*Me feit soudain, sans y penser, promettre*
*De les escrire et dens un livre mettre.*
*Ma foy promise, aussi vostre priere,*
*Meirent ma peur et ma raison derriere.*
*Ceste premiere et trop fole entreprise*
*Veux mettre à fin ; mais, s'il vous plaist, reprise*
*Je ne seray de la seconde erreur,*
*Qui doit avoir de la premiere horreur.*

 *Mes cinquante ans, ma vertu affoiblie,*
*Le temps passé, commandent que j'oublie,*

Pour mieux penser à la prochaine mort,
Sans avoir plus memoire ny remord,
Si en amour ha douleur ou plaisir.
Donques vueillez autre juge choisir,
Qui justement vous puisse satisfaire :
Je ne le puis ny ne le sçaurois faire.

 La tierce dit : Dames, voicy pitié,
Quand celuy seul nous ne povons avoir
Qui est l'abyme et source de sçavoir,
Et qui congnoit la parfaite amytié.
Seure je suis que plus tost presenté
N'eust à ses yeux ce livre pour le lire,
Que tout soudain ne nous eust bien sceu dire
Qui ha le cœur de douleur plus tenté.
Son œil defait toute feintise ruse,
Son sens entend la fin de tous propous,
Et son cœur sent mieux qu'en touchant le poulx
Qui ayme ou non : bref, nully ne l'abuse.
Si nous perdons de luy le jugement,
Et de sa sœur, qui de luy doit tenir,
Et ses propos vertueux retenir,
Un autre j'ay en mon entendement.
C'est ceste là, qui n'ha gloire petite
De nostre temps, mais la plus estimée
Est et la plus parfaitement aymée,
Ce que tresbien par ses vertus merite.
Si par beauté se congnoissent les femmes,

*Allez où sont dames ou damoyselles :*
*Comme un Soleil au mylieu des estoilles,*
*Vous la verrez parmy toutes les dames.*
*Si par vertu son nom se doit congnoistre,*
*Voyez ses faits, qui ne sont point cachez,*
*Tous pleins d'honneur, de nul vice tachez.*
*Vous la verriez dessus toutes paroistre :*
*De ses biensfaits chacun luy rend louenge.*
*Ils sont congnuz de toutes gens de bien ;*
*Pour ses amys elle n'espargne Rien,*
*Et des meschants ennemis ne se venge.*
*Si on congnoit le nom par la fortune,*
*Des biens, d'honneur, de richesse et faveur,*
*Voyez qui ha de son maistre et seigneur*
*Ce qui luy plaist, sans luy estre importune.*
*Mais tous les biens qu'elle en peut recevoir*
*Ne luy sont rien : car seulement heureuse*
*Se tient de voir par amour vertueuse*
*Tenir les cœurs unis comme on peult voir*
*Les cœurs du plus parfait et plus parfaite*
*Que l'on peult voir ; en qui Dieu et Nature*
*N'ont Rien obmis de ce que creature,*
*Pour acquerir perfection, souhaite.*
*Acceptez donc ma dame la Princesse,*
*Qui en vertus et honneur passera*
*La plus parfaite qui fut ne qui sera,*
*Ne qui fut onc ; à elle je m'adresse.*

*Elle congnoist que c'est de bien aymer;*
*Le vray amant la tient en son escole,*
*On le peult bien congnoistre à sa parole*
*Qui tant se doit priser et estimer.*
*Quand elle aura veu notre doux combat,*
*Seure je suis que, sans favoriser*
*L'une partie et l'autre despriser,*
*Fera la paix de nostre long debat.*
   *Toutes voyans sa bonne election,*
*A la Duchesse, où gist perfection,*
*Le jugement ont remis de leur fait;*
*Et moy, voyant que juge plus parfait*
*L'on ne pourroit en ce monde trouver,*
*Leur bon advis vouluz bien approuver,*
*En leur disant : Possible n'est de mieux,*
*Dames, choisir pour moy dessoubs les cieux.*
*Par son bon sens de Justice usera,*
*Et sa douceur ma faulte excusera.*
*Et s'il advient et que bon il luy semble*
*Que le propos et l'escriture ensemble*
*Devant le Roy puisse estre descouvert,*
*Seure je suis qu'ayant le livre ouvert,*
*Regardera les poincts où le lecteur*
*Se doit monstrer advocat de l'Acteur.*
*Et, en louant vos entreprises haultes,*
*Excusera mon ignorance et faultes;*
*Et servira de douce couverture*

Sa grand bonté à ma povre escriture.
Et si povez croire que sa sentence
Telle sera comme le Roy la pense.
Ainsi pourrez, par ce tresseur refuge,
Avoir le Roy, que desirez, pour juge ;
Qui, sans refus, d'un cœur doux et humain,
Regardera, venant de telle main,
Tout ce discours, qui est digne de luy ;
Et l'Escriture aura pour son appuy
Celle qui peult la defendre de blasme,
Et l'excuser comme une œuvre de femme.
Ainsi pourra couvrir sa charité
Devant les yeux de la severité
Du Roy, qui fait à tous jugement droit,
Ce que j'ay trop failly en chasque endroit.

*Lors d'un accord, sur le poinct, nous trovasmes ;*
*Dedens la Coche au logis arrivasmes.*
*La nuict me feit aux trois donner l'Adieu,*
*Non pour dormir, mais pour trouver un lieu*
*Où, sans avoir de nul empeschement,*
*Peusse acquiter ma promesse et serment.*
*Mais, en voyant du propos la grandeur,*
*De mon langage et termes la laideur,*
*Honte me fait finer ma mauvaise œuvre,*
*Mais verité veut que je la descœuvre*
*A celle là que je prends pour mon ayde.*
*Pour mon secours et souverain remede.*

*C'est donc à vous, ma cousine et maistresse,*
*Que mon labeur et mon honneur j'adresse,*
*Vous requerant comme amye parfaite,*
*Que vous teniez cette œuvre par moy faite*
*Ainsi que vostre, et ainsi en usez,*
*Et la monstrez, celez ou excusez.*
*Faites au roy entendre la substance,*
*Pour à ces trois donner juste sentence.*
*Vostre parler luy fera mieux sçavoir*
*Tout le discours, que de luy faire voir*
*Ce livre auquel mon escriture efface*
*Tout le plus beau et la meilleure grace*
*De leurs propos, desquels j'ai bien suivie*
*La verité, mais la grace et la vie,*
*Qui est dedans, je l'ay toute souillée,*

*De fascheux mots empeschée et brouillée.*
*Tant que je doy, en lieu d'augmenter, craindre*
*La grand'valeur du propos faire moindre.*
*Quand est de vous, honteuse je ne suis*
*De vous monstrer le mieux que faire puys.*
*S'il y ha riens digne de moquerie,*
*Moquez vous en, point n'en seray marrie,*
*Car seure suis qu'à un second ne tiers*
*Ne monstrerez ma faulte volontiers,*
*Fors à celuy qui sur tous ha povoir;*
*Envers lequel vous ferez tout devoir*
*De m'excuser, j'en suis bien asseurée.*
*Car ceste Amour, en noz cœurs emmurée,*
*Soit de monstrer ce livre ou le cacher,*
*Sera si bien qu'on ne pourra toucher*
*A mon honneur, qu'entre vos mains je metz,*
*Comme à la Dame en qui, je vous prometz,*
*J'ay mys cœur, corps, amour, entendement,*
*Où ne verrez jamais nul changement.*
*Parlant de moy, oublier je ne doy*
*Celles de qui la douleur, je le croy,*
*Merite bien que vous vueillez entendre*
*Leur passion, car elles veulent tendre*
*A qui aura de bien aymer l'honneur,*
*Et d'avoir plus dans le cœur de douleur,*
*Ou ceste là qui en suspens demeure*
*Pour un Amy chassant l'autre à toute heure,*

*Ou ceste là de l'Amy delaissée,
Qui de regret importable est pressée;
Ou l'autre qui laisse un Amy parfait
Pour ressembler et en dit et en fait
Aux autres deux et l'union tenir
Où ferme amour leurs trois cœurs fait unir.
Et ceste là se tiendra bienheureuse
Que vous direz des trois plus doloreuse;
Et son malheur à tresgrand bien tiendra,
Quand sur les deux votre arrest obtiendra
De plus avoir qu'elles d'aspre douleur,
Ennuy, torment, desespoir et malheur.
Les deux aussi, quand jugées seront
De vostre main, bien s'en contenteront;
Et je serai trop plus qu'elles contente
Si mon labeur, lequel je vous presente,
Vous donne autant, en lisant, de plaisir,
Qu'en l'escrivant j'en ay eu de desir.
Or le prenez, et pensez qu'il procede
De qui le lieu à nulle autre ne cede
De vous aymer. Et, attendant le bien
Que Dieu, un jour, me donne le moyen
De vous monstrer par effect ma pensée,
Je luy requiers qu'ainsi que commencée
Il ha en vous fortune si tresbonne,
Que maintenant et pour jamais vous donne
Autant de bien, d'honneur et de santé,*

*Comme il en fault pour estre contenté,*
*A vostre cœur plein d'Amour et de Foy,*
*Et tout autant que j'en desire au Roy.*

# L'UMBRE

AMOUR en qui vertu est toute enclose,
Par qui se fait et conduit toute chose,
Et à qui rend tout cœur obeïssance,
Contre lequel povoir est impuissance,
Qui tout mesure et tout prise, et tout nombre,
Me fait parler, moy qui ne suis qu'une Umbre
Pour ceste fois, ce qui m'est permis faire,
Pour au desir de celuy satisfaire,
Qui veult sçavoir qui je suis, et comment
Avoir je puis Amour sans sentement.
Umbre je suis de celuy qui m'ha faite,
Pour n'estre pas sans luy deffait deffaite :
Tant qu'il sera congnu, je le seray,
Et nulle part je ne le laisseray.
Umbre du grand par lequel je suis grande,
Qui se fait craindre à tous ceux qu'il commande :
C'est le puissant, c'est le beau, c'est le sage,
Qui n'ha de soy ne semblance n'ymage :

Car à soy seul non à autre ressemble.
Or sommes nous si fort liez ensemble,
Qu'en tous les lieux où il va je le suys.
Sans moy il n'est, et sans luy je ne suis.
S'il va je vois, et si tost qu'il s'arreste,
Chacun me void de demourer trespreste.
Si teste, ou bras, ou piedz il veult mouvoir,
Moy comme luy fais tout pareil devoir.
Bref, de son corps il ne fait contenance,
Que l'on ne voye en moy telle apparence :
Tant que l'on voit au mouvement commun,
Que luy et moy ne pouvons estre qu'un.
Si le Soleil le regarde à la face,
Garde je n'ay qu'empeschement luy face,
Car pas à pas en me tenant derriere,
Suyvre le veux comme sa chamberiere.
Mais si derriere il vouloit regarder,
Devant me tiens, à fin de le garder
De se heurter à muraille ou à boys.
S'il me fait signe ou des mains, ou des doigts,
Et moy à luy, ou si la main me tend,
En mesme instant la mienne aussi s'estend.
Et quand il tend ses bras pour m'embrasser,
Et moy les miens sans m'en pouvoir lasser.
Tant suis à luy qu'où il va je l'ensuis :
Mais quand il vient à moy, tousjours le fuis,
Sinon que lors que contre un mur m'aculle

*Pour me baiser, car lors ne me reculle.*
*S'il approchoit tout du long de mon corps,*
*Je ne sçay plus que je deviens alors,*
*Là je me perds : ô qu'heureuse est la perte*
*Par laquelle est telle aise recouverte !*
*Et ne suis riens par ceste charité,*
*Qui met en un l'umbre et la verité.*
*Et si sens bien par ceste union forte*
*Celuy duquel la semblance je porte.*
*O que ce m'est grand plaisir de rien estre,*
*Et qu'estre toute à mon amy et maistre !*
*Bien folz sont ceux qui me tiennent perdue,*
*Quand de mon Rien en tous biens suis fondue ;*
*Et si je suis de leurs yeux divertie,*
*Pour en mon Tout toute estre convertie,*
*Ce m'est plaisir d'estre Rien estimée*
*D'eux, en estant en mon Tout transformée.*
*Car quand je suis de leur veüe apperceüe*
*Je ne suis rien, et leur veüe est deceüe :*
*Car je n'ay corps, ny os, ny nerfz, ny veine,*
*Voix ne propos, et je suis chose vaine,*
*Onc rien ne puis penser ny estimer.*
*Mais quand celuy que tant je dois aymer,*
*En s'approchant de moy me met à riens,*
*Alors je suis remplie de tous biens.*
*S'il s'en eslongne, lors je poursuis ma queste*
*Et toutesfois jamais à ma requeste*

*Je ne l'ay peu ny arrester, ny prendre,*
*Ny quand il vient à moy je l'ose attendre.*
*Or est ce donc par sa puissante main,*
*Par son bon cœur gracieux et humain,*
*Quand il luy plaist qu'à la fin où je tends,*
*Il me remet où tous cœurs sont contens.*
*Tant qu'il luy plaist devant luy je demeure.*
*Et près de luy je me tiens à toute heure.*
*Veüe je suis et de nully touchée,*
*Fors quand je suis toute en luy approchée :*
*Toucher me peult chacun en le touchant.*
*En luy se peult ma parole et mon chant*
*Tresbien ouyr, car de moy un seul mot*
*Nully n'aura, tant soit il fin ou sot.*
*Hors d'avec luy ne puis voir ny parler,*
*Ne riens penser, fors sans cesse d'aller,*
*Et sans propos poursuyvre à retourner*
*Au lieu heureux où je veux sejourner :*
*Car en luy seul je retrouve ma vie,*
*Qui hors de luy par ennuy m'est ravie.*
*Je ne sens mal si on ne luy en fait,*
*Et si ne sens ne plaisir ne bienfait,*
*Sinon celuy qu'il sent, et n'ay desir,*
*Crainte, travail, ny joye, ny plaisir,*
*Sinon le sien : son honneur est ma gloire,*
*De moy ne veux que l'on face memoire,*
*S'elle ne sert à fueille ou à couleur,*

*Pour mieux monstrer sa tresgrande valeur.*
*C'est bien raison que chacun s'esmerveille*
*De moy, qui riens à luy ne suis pareille*
*(Car riens à tout ne scauroit ressembler).*
*Me voir à luy si tresbien assembler,*
*Que mon Rien est par son Tout honoré,*
*Et son Tout est par mon Rien adoré.*
*Je consens donc à mon infirmité,*
*Et à mon rien et mon humilité :*
*Parlant d'amy tant digne d'estre aymé,*
*Estant de tous loué et estimé.*
*O vrays Amans, si jamais vous sentistes*
*Que c'est d'Amour, et si peine vous meistes*
*De parvenir au bien qui est promis*
*En bien aymant à tous parfaitz amys,*
*Jugez jamais n'avoir veu Amour tel*
*Que cestuy cy que voyez immortel,*
*Puis qu'immortel en est le fondement.*
*Jugez aussi et jurez hardiment*
*Que digne il est, et merite à tousjours*
*D'avoir l'honneur sur tous autres Amours.*
*Laissez moy là toutes histoires, fables,*
*Lesquelles sont feintes ou veritables :*
*Quoy que ce soit, confessez n'avoir leu*
*En livre aucun, ne en ce monde veu*
*Amour qui soit semblable à cestuy cy,*
*Ne que louer on peult d'estre sans sy,*

*Comme de moy Umbre tresinutile,*
*Et qui puys tout par cest amour gentile*
*De mon amy, duquel pour fin je dis*
*Que l'union c'est mon vray Paradis.*

# LA MORT

ET

# RESURRECTION D'AMOUR.

VERS ALEXANDRINS.

J'AY veu les yeux desquelz Amour, cruel tyrant,
Avoit fait les doux traicts, dont il alloit tirant,
Au temps que bien dorez d'un regard gracieux,
Doucement les tournant, blessoit et terre et cieux.
Or les voy je transis comme d'esmail sans vie,
N'ayans plus de rien voir ny d'estre veuz envie.
J'ay veu la bouche rouge par laquelle il parloit,
Et parole de feu qui sans cesse brusloit
Jadis souloit jetter, par sa douce ouverture,
Qui monstre le tresor du cœur sans couverture :
Or la voy je fermée, couvrant ses blanches dents,
Qui comme un mur de pierre cachent tout le dedens.
J'ay veu les blonds cheveux dont il faisoit la corde
De l'arc où il n'ha peu trouver misericorde,

*Et des plus crespelets faisoit ses rethz et forts,*
*Où chacun il prenoit, nonobstant ses efforts :*
*Or les voy je cachez, sans ordre, et non peignez*
*En desdaignant chacun, d'un chacun desdaignez.*
*J'ay veu les tant bien faites et petites oreilles*
*Ouvertes, cler oyantes, blanches, un peu vermeilles,*
*Sarbatannes d'Amour, pleines de sa leçon,*
*Qui les gardoit d'ouir autre parole ou son :*
*Or les voy je fermées sans plus ouvrir leur porte*
*Aux chants, ditz, ne propos qui du petit Dieu sorte.*
*J'ay veu les blanches mains, les doigts longs et subtils,*
*Desquelz souloit Amour faire ses fins oustils,*
*Pour arracher les cœurs du plus profond du corps,*
*Les uns mettre captifz, les autres pis que mors :*
*Or les voy je sans force de tenir n'arracher,*
*Sans estre plus touchées ne pouvoir plus toucher.*
*J'ay veu les petis pieds, beaux, legers et penibles,*
*Faisans pour leur Seigneur choses tant impossibles,*
*Que roues de son char tant triomphant estoient,*
*Qui en danses, tournois et plaisirs le portoient :*
*Or les voy je impotens sans plus bouger d'un lieu,*
*Sans plus estre marchez, ne marchans pour leur Dieu.*
*J'ay veu le corps parfait et de telle grandeur,*
*Auquel tout le rebours se trouvoit de laideur,*
*Qu'Amour avoit choysi pour sa tresferme tour,*
*Et son doux Paradis pour eternel sejour :*
*Or les voy je changer de nature et de maistre,*

*De vie et de beauté, de sentement et d'estre.*
*Que ferez vous (Amour) quand plus ne pourrez voir*
*Des beaux yeux par lesquelz sur tous avez povoir?*
*Quand ne povez ouyr de l'oreille fermée,*
*En qui vostre parole fut receüe et aymée?*
*Quand ne povez parler par ceste bouche close,*
*Par laquelle en parlant vous poviez toute chose?*
*Quand ne povez des mains mortes plus tourmenter,*
*Ny asseurer tous ceux qu'avez fait lamenter!*
*Quand ne povez des pieds vostre char plus tirer,*
*Ne par eux en plaisirs voz servans attirer?*
*Quand ne povez au corps qui fut vostre demeure,*
*Le voyant ruiné, plus demeurer une heure?*
*Mourez donques, Amour, en celle departie,*
*Ou, si vivre voulez, cerchez autre partie,*
*Dont vous puissiez tirer autant d'honneur et gloire,*
*Et qui de tous les cœurs vous donne la victoire,*
*Comme ha fait ce corps cy, cause de tous voz biens,*
*Que vous voyez tout mat et converty en riens.*
*Si mieux vous ne trouvez, mourez dedens son cœur :*
*Car de changer en pis vous seroit peu d'honneur.*
*Sepulchre il vous sera, vous relique honorable :*
*Il vous fera honneur, vous le rendrez louable.*
*Et puis, quand serez mort, un bien devez attendre,*
*Que de vous Amour mort, et vostre froide cendre*
*Suscitera l'Amour, qui tousjours sera vie*
*Du mort, duquel par luy sera la mort ravie,*

*Et du tout mis à rien, et où mort ha esté,*
*Amour vivant sera pour jamais arresté ;*
*Qui fera voir l'aveugle, et le muet parler,*
*Le sourd ouyr trescler, le boiteux droit aller,*
*L'imbecile des mains user du touchement,*
*Et la beauté perie embellir doublement.*
*Vertu fortifier fera son fort chasteau,*
*Sa demeure à jamais, trop plus que devant beau :*
*Jamais ne passera sa force et sa beauté,*
*Là l'Amour immortel tiendra sa royauté,*
*Sa grandeur, son Empire en monstrant sa puissance.*
*Soubs laquelle chacun fera obeïssance.*
*Mourez donques, Amour, puis que ne povez vivre,*
*En celle qui de vous par Amour est delivre ;*
*Donnez lieu à l'Amour de saine affection,*
*Qui prend de vostre mort sa generation :*
*Et lors Amour, d'Amour vainqueur de telle sorte,*
*Fera vivre d'Amour l'amye en Amour morte.*

# CHANSON

### FAITE A UNE DAME

#### SUR LAQUELLE
LA ROYNE HA FAIT LA RESPONCE SUYVANTE.

Je vous supply, entendez moy,
Sans me donner peine à le dire,
Assez voyez en quel esmoy
Je suis pour couvrir mon martyre.
Helas, vous n'en faites que rire,
Et j'en ay le mal ce pendant ;
Qui taise son mal et souspire
Monstre assez qu'il est evident.

Vostre œil et bien bon jugement
Oyt aussi bien que fait l'oreille :
Le parler souvent change et ment ;
Mon amour est vraye et pareille,
Qui à vous aymer s'appareille :

## CHANSON.

*Je le vous monstre, et n'en dy rien :*
*C'est bien cruauté nompareille*
*D'ignorer ce qu'on entend bien.*

 *J'ay le mal, vous le congnoissez*
*Et dissimulez de l'entendre :*
*Combien de jours sont jà passez*
*Qu'à vous suis, sans m'y vouloir prendre.*
*Si la bouche n'ose entreprendre,*
*Pensez vous le cœur moins surprins ?*
*Qui est prins avant que se rendre*
*Est rendu avant qu'il soit prins.*

 *Ma peine si bien ne diray*
*Comme elle vous est apparente ;*
*De rien ne vous advertiray*
*De quoy vous soyez ignorante.*
*Las ! en moy trop experimente*
*(Et si croy que vous le croyez)*
*Que vostre bien mon mal augmente,*
*Et ne voy point qu'y pourvoyez.*

 *Parquoy ne croira l'on à l'œil*
*Ainsi qu'on fait à la parole,*
*Qui couvre la joye et le dueil*
*Comme elle veult jouer son rolle.*
*Mais voyez où le regard vole,*
*Et vous congnoistrez que par là*
*Je monstre mieux ce qui m'affole*
*Que bouche qui onques parla.*

## CHANSON.

*Ce sera donc sans dire mot*
*Que serviray ce que j'estime :*
*Si pour le taire je suis sot,*
*C'est crainte et amour, plus que crime.*
*Mais, soit qu'on me louë ou reprime,*
*J'aymeray celle à qui je suis :*
*Ma reste y est, comme à la prime,*
*Et je la tiendray si je puis.*

## RESPONSE.

DE *ton œil le regard je voy,*
*Du mien aussi je te regarde :*
*Mais du cœur que l'on voit par Foy,*
*Je n'y prens point autrement garde.*
*Il fault premier qu'Amour hazarde*
*Le parler, pour estre entendu.*
*Car d'autant que l'on le retarde,*
*Mon jugement est suspendu.*

*Mon œil juge ce qu'il peult voir,*
*Et non la pensée couverte :*
*Car l'œil de mentir fait devoir,*
*Autant que la parole ouverte.*
*L'Amour par le regard offerte*

## CHANSON.

*Peult, comme le parler, mentir :*
*Moy, qui n'y cerche gain ne perte,*
*Ne la veux croire, et moins sentir.*

   *Si ta bouche ne parle mieux,*
*Pour avoir de mon cœur victoire,*
*Que le doux regard de tes yeux,*
*Tu n'acquerras grace ny gloire,*
*En ton Amour me fait croire :*
*Mais pourtant ne me dois blasmer,*
*Si ma pensée et ma memoire*
*Fuyt ce qu'elle ne veult aymer.*

   *Je ne dois croire la douleur*
*Qui ne m'est monstrée ne dite :*
*L'œil piteux, la palle couleur,*
*A nul jugement ne m'incite.*
*L'amitié semble bien petite*
*Qui ne chasse crainte dehors :*
*Le parler responseé merite ;*
*Parle, je respondray alhors.*

   *Si en me servant ton mal fais,*
*Sans demander conseil ny grace,*
*Cerche donc toymesme la paix,*
*Puis qu'Amour ne te sert d'audace.*
*Mais à fin que plus on ne face*
*Poursuite d'un incongnu bien,*
*Autre que toy ha prins la place*
*Du cœur qui ne peult estre tien.*

## CHANSON.

*Je n'ay mys mon cœur qu'en un lieu*
Si remply de perfection
Qu'il n'y ha nul que luy, soubs Dieu,
Digne de mon affection.
Contente suis sans passion ;
Car mon Amour et sa valeur
Sont de mesme condition,
D'une force et d'une grandeur.

La vertu, qui est fondement
De ceste Amour ferme et honneste,
Me la fait monstrer clerement,
Sans rougir ne baisser la teste.
Assez se sont mys en la queste
Pour trouver en mon cœur pitié ;
Mais je respons à leur requeste,
Je n'ay qu'en un seul amytié.

Celuy que j'ayme se peult voir
Par sa vertu tresapparente :
Ceux qui de m'aymer font devoir
L'on voit, dont point ne me tourmente ;
Aise n'en suis, ne mal contente ;
Qui le m'a dit, il le cela :
C'est, dont tout en criant je chante :
Voyez qui l'ha, et qui non l'ha.

# LES ADIEU DES DAMES

## DE CHEZ LA ROYNE DE NAVARRE

### ALLANT EN GASCONGNE

### A MA DAME LA PRINCESSE DE NAVARRE.

ADIEU *ne doit se dire tant que l'œil*
*Peult voir le bien qui luy oste son dueil;*
*Mais aussitost que l'œil perd son object,*
*Le cœur commence à forger tel subject*
D'aspre douleur et regret importable,
Qu'il rend la voix piteuse et lamentable.
Dont quand le cry et pleur ha fait son cours,
La bouche veult venir à leur secours,
Donnant raison à l'ennuy par parole,
En commençant un sy tresdolent rolle
Que nul n'y a (s'il la peult escouter)
Qui sceust son mal ignorer ou douter.
Mais petit est cest apparent regret,

*Le comparant à celuy qui secret
Demeure au cœur sans se povoir monstrer,
Qui bien souvent le fait d'angoisse oultrer.
Mais de quoy sert à la personne aymée
Ceste douleur dens un cœur abysmée,
Si par dehors ne monstre quelque effect
De ceste Amour et regret tresparfait,
Non pour son mal et ennuy reveler,
Mais pour l'absent regreté consoler ?
Voilà que fait la main servir à l'œuvre,
Par qui le dueil tant couvert se descœuvre.
Or donques, Main, ton office fault faire,
Pour un petit au regret satisfaire :
Car bien souvent la lamentation
Mise en escrit est consolation
A qui l'escrit et à qui le doit lire.
Nous escrirons donc à fin de te dire
L'adieu, lequel prononcer n'avons peu,
Tant que noz yeux ce qui leur plaist ont veu.
Mais maintenant ferons nostre harangue,
En nous servant de la plume pour langue,
D'encre pour voix, et de papier pour bouche,
Te declarant ce qui au cœur nous touche.*

C'est moy qui dois de dueil porter baniere :   Madame
C'est moy, Grantmont, qui me metz la premiere,   de
Car mon ennuy toutes les autres passe.   Grantmont

# LES ADIEU.

*Je dy adieu à toy et à ta grace,*
*Que j'ay long temps desirée de voir :*
*Et, l'ayant veüe, encores plus devoir*
*Fais de t'aymer, qui brusle mon desir*
*Jusques à tant que j'aye le plaisir*
*De te revoir et telle et en tel lieu,*
*Que sans cesser j'en fais priere à Dieu.*

Madame la Seneschalle

*Moy, qui n'ay sceu mes yeux garder de larmes,*
*En te voyant n'ay peu trouver nulz termes*
*Pour dire adieu. Or maintenant le diz,*
*En suppliant le Roy de Paradis*
*Que cest adieu tourne sans long sejour*
*En tres heureux et desiré bon jour :*
*En attendant, durant cest intervalle,*
*Souvienne vous de vostre Seneschalle.*

Madame de Grantmont.

*Je te requiers que me vueilles permettre*
*Que mon Adieu icy je puisse mettre.*
*A Dieu je dis celle dont la presence*
*J'ay desiré depuis la mienne enfance :*
*Et maintenant, que j'ay reçeu ce bien,*
*Te perds de veüe, et ne sçay pour combien.*
*Car un Mary ou toy ou moy prendra,*
*Dont eslongner ta veüe me faudra.*
*Mais j'ay espoir que ceux qui nous prendront,*
*En liberté plus grande nous rendront*

*De nous revoir : et, quoy qu'il en advienne,*
*Je te requiers que de moy te souvienne.*
*Car quelque part que tu ailles, ira,*
*Et vive ou morte à jamais t'aymera*
*Ta Catharine, estant d'Aste nommée,*
*Qui de regret est quasi assommée.*

*Je ne rys plus, je ne rys plus, ma Dame;* — Madame D'Artiga-loube.
*Car puis qu'il fault apprendre ceste game*
*De dire Adieu, rien n'entens à la note.*
*Mais un Dieugard dira la Courtebote,*
*Autant riant, quand te pourra revoir,*
*Que de pleurer maintenant fait devoir.*

*J'ay delaissé pere et frere malade :* — Madame de la Renestaye.
*Mais quand il fault commencer la ballade*
*De dire Adieu à toy nostre Princesse,*
*Tous les ennuys dessusdits ont prins cesse.*
*Car te disant Adieu, regret me mord,*
*Comme quasi voyant mon frere mort.*

*Icy mettra, sans attendre à demain,* — Madame de Clermont.
*Pour dire Adieu, Clermont sa triste main :*
*Et à ce Dieu là je te recommande,*
*Auquel pour toy et pour moy je demande*
*Que dens ton cœur tu ne m'oublies pas,*
*Mais qu'au retour nous dancions les cinq pas.*

Madame du Breuil.
    *En escoutant celles qui font leur dueil,*
*Il n'en est point qui soit semblable au Brueil.*
*Car de l'Adieu les tresfortes douleurs*
*M'ont fait venir tant les pasles couleurs,*
*Que je n'auray couleur, santé ne joye,*
*Que saine et belle en bref ne te revoye.*

Madame Saint-Pather.
    *Moy, Saint Pather, mettray en ce lieu cy*
*Mon triste Adieu, venant d'un cœur transy ;*
*De voir en deux ce qui doit estre en un,*
*Dont les corps sont uniz d'un cœur commun.*
*Mais, attendant que Dieu ses creatures*
*Ayt assemblé, feray des confitures*
*Des fruitz du lieu où celle qui regrette*
*L'eslongnement de bon cœur te souhaitte.*

La petite Françoise.
    *Plus j'ay de toy souvent esté battue,*
*Plus mon amour s'esforce et s'esvertue*
*De regreter ceste main qui me bat :*
*Car ce mal là m'estoit plaisant esbat.*
*Or Adieu donc, la Main dont la rigueur*
*Je preferois à tout bien et honneur.*

La Royne.
    *Si ces Adieux font pleurer qui les oyt*
*Ou qui les list, ou sur papier les voit,*
*Que feroit l'on si j'y mettois les miens ?*
*Parquoy vault mieux que je n'escrive riens.*

*Mais à celuy auquel sommes unis,
Sans estre plus separez ny bannis,
Vois supplier que tant de bien nous face,
Qu'icy et là demourions en sa grace.*

# ENIGME.

EUX poinsons font une pippe,
Et deux pippes font un muy;
Deux brassées de grosse lippe
Font un bien fascheux ennuy;
D'un roseau un seul appuy
Vault deux saultz en la riviere;
Trois pas reculant arriere
En poisent quatre en avant;
Cent flustes sonnent d'un vent :
Une eau emplist dix vaisseaux;
Un cuyder d'estre scavant
Vault la teste de six veaux.

---

## AUTRE.

L'un luy disoit : Helas, ma Damoiselle,
Vueillez souffrir que pour seul serviteur
Soye receu : ne me soyez cruelle,
Ottroyez moy, sans refuser, cest heur.

## ENIGME.

*L'autre disoit : J'ay tell' amour au cœur,*
*Et si feray de servir tel devoir*
*Que, non voulant, je vous feray vouloir*
*Par long servir en fin ce que je veux;*
*Car contre Amour nul cœur n'aura povoir.*
*Qui dit le mieux ou le pis, de ces deux?*

# NOTES

T. I, *Notice*, p. viij. Le vers :

> *De Marguerite humaine, douce et sage,*

est tiré d'une pièce (Ms. de Saint-Germain 1556) citée par Génin, et attribuée par lui à Mellin de Saint-Gelais (*Notice* en tête des *Lettres de Marguerite d'Angoulême*, p. 60-61, T. I).

Ibid., p. xliij. Voici le dizain de Rabelais auquel il est fait allusion :

### FRANÇOIS RABELAIS

#### A L'ESPRIT DE LA ROYNE DE NAVARRE.

> *Esprit abstraict, ravy et ecstatic,*
> *Qui frequentant les cieulx, ton origine,*
> *As delaissé ton hoste et domestic,*
> *Ton corps concords, qui tant se morigine*
> *A tes edictz, en vie peregrine,*
> *Sans sentement, et comme en apathie,*
> *Voudrois tu point faire quelque sortie.*
> *De ton manoir divin, perpetuel,*
> *Et ça bas voir une tierce partie*
> *Des faits joyeux du bon Pantagruel?*

Ce dizain qui se lit en tête de l'édition princeps du *Tiers Livre* de Rabelais (1546), trois ans avant la mort de Marguerite (1549), fait allusion aux méditations excessives dans lesquelles s'absorbait de plus en plus l'esprit de la reine de Navarre en ces dernières et tristes années.

T. I, p. 64. « *Que* c'est de vous », c'est-à-dire : *ce que* c'est que de vous.

Ibid. *Si c'estoit vous* est la leçon de 1547. — Celle de 1554 porte : *Si c'estoit voir* (vrai).

Ibid., P. 138 et 139, remarquez ces deux expressions comparatives, tirées d'un même ordre d'idées familières :

*Car ma vertu je n'estime* une pomme.

Et :

*La Mort ne crains, ny Enfer* une poire.

T. I, p. 156. *Note* sur la p. IX, lignes 6-7. — Rectifier et compléter ainsi l'indication des sources :

1º « Danielis Gerdesii *Historia Reformationis*, sive *Annales Evangelii seculo XVI passim per Europam renovati, Doctrinæque reformatæ*. Accedunt varia *Monumenta pietatis et rei literariæ* ut plurimum ex mss. eruta. » (T. II, p. 41-42, *Note*, et p. 48-51, num. VII des *Monumenta*).

2º « *History of the reformed religion in France*, by the rev. Edward Smedley. — London. — J. G. et F. Rivington. — 1832-1834. » (T. I, chap. I, page 13 et suiv. : *Satirical stage-play before Francis I.*)

Smedley reproduit l'analyse donnée par Gerdesius. Celui-ci, dont l'ouvrage, en 4 vol. in-4º, comprend, dans chaque tome, une partie principale et une partie annexe, ou *Monumenta antiquitatis ad illustrandam historiam Reformationis*, donne, parmi les *Monumenta* du T. II, l'*Argumenium* de cette « *Tragœdia* quæ Parisiis coram ipso Rege Francisco I dicitur acta fuisse, a. 1524 ».

Il s'en réfère au témoignage de Burckhard qui, dans son ouvrage sur Ulrich de Hutten, P. III, p. 296, 297, affirme avoir eu communication de deux exemplaires imprimés (dont un avec fig.) de cette tragi-comédie satirique *en langue allemande*, et portant la date de 1524. Il dit, en outre, dans sa *Note* (p. 41) : « Nescio certe annon huc referenda sit illa quæ *Parisiis* in aula Regis dicitur acta fuisse *Tragœdia*, quam ex

Johannis Langi, Prioris Erfurdensis atque singularis Lutheri amici descriptione sibi per Cl. Schlegelium communicata, nobis retulit Jac. Burckhardus in tract. de Fatis ac meritis Ulr. Hutteni, Part. II, p. 293-300... »

Ce Langus, ou de son vrai nom *Lange*, prieur des Augustins d'Erfurt, est cité par M. Michelet dans ses *Mémoires de Luther*, comme un des correspondants du grand Réformateur.

P. 31, v. 2 :

*Si vous pensiez ne l'avoir que demye.*

Cet accord est très joli, au lieu de notre invariable, *à demi*. — Voir encore, p. 227 :

*Car son cœur est du vostre le demy.*

Et T. IV, p. 9.

*Sans peché ne demy.*

P. 35. — *Plus mal que morte*, expression qui se trouve aussi dans la première des *Chansons spirituelles* (T. III), et qui rappelle l'expression *pis que morte*, dont Marguerite se sert plus loin (T. IV, p. 223), et dont elle usait dans la formule finale de ses lettres.

P. 98. *A tous les coups*, rime avec *à grands coups*; cette rime d'un mot avec lui-même se rencontre çà et là dans les *Marguerites*.

T. IV, p. 1-101. — *Les quatre Dames et les quatre Gentilzhommes*. — Notez le rhythme de ce poëme qui parle gracieusement tantôt le langage de la galanterie tantôt celui du véritable amour : trois vers de dix syllabes sur la même rime, suivis d'un petit vers de quatre syllabes qui fournit la rime des trois vers suivants. On trouve cette forme chez Marot. — Ici, le discours de chaque personnage se termine par trois vers de dix syllabes rimant ensemble avec le vers de quatre syllabes qui précède, à l'exception du dernier discours qui se termine par un quatrain à rimes croisées.

P. 102. *Comédie*. — Vers de dix, de huit et de cinq syllabes.

— Remarquer le *Triolet* dialogué (p. 109.)

*Voilà une Dame autentique*, etc.

P. 123 :

> . . . . . . . . . . *d'un veau*
> *Faites un très-plaisant oyseau.*

Allusion au coucou ; c'est-à-dire : *Faites votre mari cocu.*

P. 125 :

> *Ne craignez point la continue.*
> *Le temps la tournera en quarte*

Il s'agit de la *fièvre continue* et de la *fièvre quarte.*

P. 136 :

> *En venez-vous ?*
>
> LA VIEILLE.
>
> *Ouy, le pas.*

c'est-à-dire : Oui, de ce pas.

P. 139-202. Farce de Trop, Prou, Peu, Moins. — Vers de huit syllabes. — *Trop* et *Prou* sont deux hauts et puissants seigneurs qui ont tout l'air de représenter les puissants du vieux monde catholique ; *Peu* et *Moins*, deux pauvres hères qui ne craignent rien, *pas même la mort*, et qui ont des cornes dont ils vantent la vertu (p. 160) :

> PEU.
>
> *Si l'on nous appelle Moutons*
> *Ou les Cornuz, il se fault taire.*
>
> MOINS.
>
> *Je sçay bien jouer ce mistere.*
> *Mais cheminons rians tousjours ;*
> *Avant qu'ayons finé noz jours,*
> *Celuy viendra, qui doit venir.*
>
> PEU.
>
> *De rire ne me puys tenir :*
> *Car ma Corne le m'a promis.*
>
> MOINS.
>
> *Nous sommes Cornuz et Amys ;*
> *Un cœur et une voulenté.*

NOTES. 289

Et plus bas (p. 163) :

> *Nos cornes sont pour nous defendre :*
> *Elles ne sont de chair, ne d'oz.*

PEU.

> *Mais de tous deux (entendez-vous)*
> *Pour defendre l'os et la peau.*

Puis *Moins* reprend (p. 165) :

> *Elle nous sert pour eschapper*
> *Mille maux ; pource qu'entredeux*
> *Elle se met de nous et d'eux.*

PROU.

Quelz œufz ?

PEU.

> *Ce sont gros œufz d'Autruche,*
> *Qui frappent plus fort qu'une buche ;*
> *Mais la* corne *les casse tous.*

Calembour significatif, qui désigne l'Autriche, appui de Rome et des vieux abus oppressifs (l'emblème de l'*Autruche* était d'un emploi fréquent pour symboliser la maison d'Autriche.) — *Prou* et *Trop*, voyant ces singuliers compagnons rire et parler d'on ne sait quel mystère, les pressent de s'expliquer, et *Prou* dit ironiquement : « Parlez, *Apostre!* » Mais s'ils ont de grandes oreilles d'âne, ils n'ont pas ce qu'il faut pour entendre ; car la *corne* les blesse, dès qu'elle y touche. Le sens anticatholique de ces passages se dégage presque de chaque mot. *Peu* et *Moins* sont évidemment des novateurs se moquant de *Prou* et de *Trop*.

PEU.

*Ne vous desplaise*, domine.   (p. 180.)

L'édition de 1547 porte : *dominé* ; celle de 1554 : *domine*, sans accent ; ainsi que j'ai rectifié ce mot : il est clair que c'est le vocatif de *dominus*, s'appliquant ici dans le sens de l'appellation ecclésiastique : *dom*.

*Moins* conseille à *Prou* et *Trop* de joindre à leurs oreilles « des cornes pour les décorer ! » *Peu* déclare que la *corne* y ferait honneur par sa présence : décidément cette corne, qui *touche au cœur*, est le talisman béni, et les *cornuz* prétendent opérer par elle des transformations bien audacieuses, car Trop répond (p. 188) :

> *Ha, chacun doit aller par rang ;*
> *Voudriez-vous ainsy tout confondre ?*

Prou et Trop parlent en vrais prêtres ou moines, ramenant tout au langage d'Église.

> *Et nos cœurs à plein benestier*
> *Ne font que pleurer eaux ameres.*   (p. 189).

TROP (p. 196).

> *Afin que mieux soient recouvertes,*
> *N'y espargnons ny or ni toile,*
> *Chapperon, ne chappe ne voile,*
> *Ne petis bonnetz neufz et beaux,*
> *Ne un ne deux ne trois chapeaux,*
> *Noz cinq cens, pour mieux les abbastre.*

N'ont-ils pas l'air de vouloir se *cardinaliser* ou se couvrir des nombreux chapeaux d'un concile et de la triple mître papale ?

Peu et Moins préconisent toujours la vertu de leurs cornes qui, pour un mal passager, procurent le souverain bien.

PEU (p. 199).

> *Les grands oreilles d'Animal*
> *N'appercoivent, et si n'entendent*
> *Le grand plaisir à quoy pretendent*
> *Les cornes que tenons si cher.*

Comme, d'autre part, Peu et Moins terminent la farce par des paroles facétieuses sur l'autre vie, je pense que les *oreilles* gigantesques rappelant celle de Midas sont les oreilles d'âne du clergé contemporain et de ses soutiens, et que la *corne* est l'emblème de l'esprit de Réformation et de libre-pensée. Les Moutons ou Cornuz sont le troupeau qui suit la voie nouvelle. N'oublions pas que la confrérie des Conards ou Cornards de Rouen parodiait spécialement le clergé dans ses farces. — La *corne*, qui, dans l'antiquité, fut adoptée pour les statues ou les médailles de certains rois et de certains dieux, comme insigne de force et de puissance, et qui indiquait aussi l'affluence du bien (*corne d'abondance*), est prise encore ici dans le sens d'un signe de ralliement :

PEU.

*Vive la petite* Cornette!

La « petite Cornette » en somme, est un guidon, une arme défensive et offensive, quelque chose qui parle (comme un cornet ou clairon), et le tout n'est *ny de chair ny d'oz*, c'est-à-dire représente une force morale. Notons un dernier et curieux rapprochement : c'est que l'un des plus fameux docteurs protestants de l'époque, et l'un des plus influents, celui qui essaya le plus obstinément de concilier les diverses églises du protestantisme, *Bucer*, qui est mis en scène dans le *Cymbalum mundi* sous le nom de *Cubercus* (pour *Bucerus*), s'appelait réellement *Kuhhorn*, c'est-à-dire *Corne de vache*. On jouait alors tellement sur les mots, que la corne symbolique dont il est question nous rappelle forcément le nom de cet émule de Luther.

Quelques passages du texte de ce poëme réclament des explications.

P. 144, v. 1 :

*Me congnoissez-vous* pas, *mon Filz?*

L'addition de *pas*, qui manque dans l'original, était indiquée par le sens comme par la mesure.

P. 154, v. 1 :

*C'est tout un, verité soit verité.*

Ce vers serait faux, si l'on prononçait toutes les syllabes; on devait prononcer :

*C'est tout un*, ver'té *soit* ver'té.

Ailleurs on trouve écrit *durté*.

P. 155, v. 2 :

*Le peu aymé, le povre et moins douté.*

Notez ce vers de dix syllabes rompant brusquement la série des vers de huit. — *Douté* est ici pour *doté*.

P. 174. Les deux dernières répliques de *Prou* et *Moins* sont mises dans l'original sous le seul nom de *Prou* : erreur évidente, car le sens dit nettement que ces mots :

NOTES.

> . . . . . . . . . . *notre vie*
> *Nous defaudroit en le comptant,*

appartiennent à un autre interlocuteur.

P. 184 :
> *Leur ouy ne me fait jouyr,*

Ouy *pour* ouye, ouïe.

P. 196, v. 6 :
> *Noz cinq cens......*

Le texte original porte : « Noz cinq *sens.* » L'énumération qui précède : *Ne un, ne deux, ne trois,* suggérait la correction du texte.

P. 197, v. 5.

Proverbe populaire :
> *Rolans ne sommes, ne vaillans.*

P. 203-260. La *Coche.* — Cette pièce, qui renferme tant de subtiles dissertations d'amour, offre des passages charmants, notamment l'éloge fameux de François I<sup>er</sup> (p. 247-248). — Partie en vers de dix syllabes, à rimes plates ; partie en vers de dix et de quatre syllabes, chaque petit vers coupant de deux en deux les autres, et fournissant la rime des deux grands vers qui suivent.

P. 209. Édition de 1547 : *lange;* rectifié ici d'après le sens et d'après l'édition de 1554 : *langues.*

P. 241 :
> *J'en ay le marc, si vous en avez l'once.*

Dicton populaire.

P. 261-266. L'*Umbre.* — Vers de dix syllabes, à rimes plates.

P. 267-270. *La Mort et la Resurrection d'Amour.* — Pièce remarquable par la grandeur mélancolique du sentiment et la rare beauté de certains vers. — (V. t. III, une *Chanson spirituelle* aussi écrite en *vers alexandrins.*)

P. 271-275. Deux *Chansons.* — Vers de huit syllabes.

P. 276-281 Les *Adieu*. — Vers de dix syllabes, à rimes plates.

P. 277. *Madame de Grantmont*. — M^me de Grammont, Catherine d'Aste (V. p. 279.)

P. 278. *Madame la Seneschalle*. — La Sénéchale de Poitou, Louise de Daillon, compagne habituelle de litière de la reine Marguerite.

P. 279. *Madame d'Artigaloube*. — Le *Registre de Jehan de Frotté* mentionne : — « Mesdemoiselles Dartigaloube et Delagrange... » (Voir La Ferrière-Percy, p. 11.)

Ibid. *Madame de la Renestaye :* — « Jeanne Defay, damoiselle de la Benestaie. » (Voir ibid, p. 9.)

Les textes de 1547 et 1554 (*Marg. de la Marg.*) impriment R et non B.

Ibid. *Madame de Clermont :* — « Damoiselle Françoise de Clermont. » (V. ibid., p. 10.)

Ibid. *Madame de Saint-Pather :* — « Damoiselle Legay, damoiselle de Saint-Pather, » distributrice ordinaire des libéralités de la reine. (V. ibid, p. 9 et *passim*.) Ce fut par elle que Bonaventure des Periers, en disgrâce à Lyon, resta en rapport avec Marguerite.

Ibid. *La petite Françoise*, une compagne de Jeanne d'Albret enfant qui, selon l'usage du temps dans les grandes familles, faisait sans doute office de *menine*, et subissait les punitions méritées par la jeune princesse.

Dans l'état de la maison de la reine de Navarre (1548-1549), reproduit par M. de La Ferrière-Percy, figurent « *Françoise* Robinaud, » femme de chambre de la reine, « *Françoise* Rousseau, *Françoise* Paradis » et « la petite Babou ». C'est probablement l'une des quatre à qui il faut rapporter le passage de l'*Adieu*.

Sur M^me de Grammont et M^me du Breuil, je ne trouve aucune indication spéciale.

P. 282-283. Deux *Énigmes*, la première en vers de sept syllabes, la seconde en vers de dix.

## REMARQUES DIVERSES.

Aux précédentes citations de rimes curieuses et intéressantes pour l'étude de la prononciation dans ses variations et dans ses rapports avec l'orthographe, ajoutons encore celles-ci (T. I) : *source* et *pour ce*; *asseur* (sûr) et *sœur*; *ordonne* et *bourne* (borne); *condemne* et *damne*, et T. IV : *toutesfois* et *contrefais*; *coste* ou *couste* et *oste*; *moins*, *mains* et *maintz*; *outre* et *Apostre* qui s'écrit ailleurs *Apoustre*; *aide* et *remide* (La Coche, p. 236 ; ailleurs : *ayde* et *remede*). *Seul* et *dueil* (ailleurs : *dueil* et *œil*), etc.

Un passage de Henri Estienne dans l'*Advertissement* de ses *Deux dialogues du nouveau langage françois italianizé...*, entre Philausone (le courtisan et Celtophile (le franc Gaulois), explique certaines orthographes et prononciations du temps qu'il réprouve : *Chouse* et *cousté*, comme on prononce à la cour, plaisent au dict Philausone : *chose* et *costé*, selon la prononciation ordinaire, plaisent aux autres. » — Et il ajoute :

*Ceste langue courtisanesque,*
*Qui de son vice fait vertu,*
*Est une langue barbaresque.*

Voici encore quelques observations relatives au texte, pour compléter celles qui figurent dans les autres volumes de notre édition.

Pour un même mot ou un même temps de verbe on trouve des formes et flexions différentes.

Ainsi : *cercher* et *chercher* (la première forme plus employée); *pouvoir* et *povoir*; *fuyr* et *fouyr*; j'*avois*, j'*aymois*, je *fuyois* et je *trouvoye*; j'*estoye*, je *devoye*; *desroy* et *desarroy*; *laideur* et *laidure*; *riens* (au singulier) et *rien*; *plein* et *plain*; *plaingt*, *plaings* et *plaintz* (plaintes); *onc* et *onques*; *voulusse* et *voulsisse*; *doy* pour *doigt*, *suyvir* pour *suyvre*; *serment* et *serement*; je *fois* pour je *fais*.

Le genre de certains mots varie dans l'œuvre même, ou a changé depuis lors, comme *abysme*, masculin (t. I, p. 15), et féminin (Ibid., p. 106). Il est féminin aussi dans un *Chant royal* de Jean Parmentier qu'on trouvera dans l'opuscule annexé au *Miroir de l'âme pécheresse* de 1531. (Ex. de la Bibliothèque nationale.)

*Quand le monceau des choses tenebreuses
Estoit sans ordre ainsi comme* une *abisme.*

*Le limite* (t. I, p. 42); *Ma doute* (Ibid., p. 125, etc.); *la poison* (passim); *cruelz* alarmes (*La Coche*, p. 209); en *telle* ennuy (Ibid. p. 223); sans *nul* erreur (Ibid., p. 234).

Parmi les particularités diverses qui méritent d'être relevées ; notons *air* et *ailes* écrits : *aer, ær* et *œsles*; à la rime, *tenon, blasmon*, etc., pour *tenons, blasmons*, etc., p. 91 du t. 1 : *tenebre* au singulier; *appreuve, treuve, seuffre* (qui qu'en), pour approuve, trouve, souffre (prononciation et orthographe dont l'usage devait persister jusqu'au XVIIe siècle); et cet emploi si élégant de l'infinitif pris substantivement, dont Regnier et La Fontaine ont tiré encore, bien plus tard, un si heureux parti, mais qui alors était d'usage familier : *Au commencer* pour *au commencement; le mourir* pour *la mort; d'un tel mentir* pour *d'un tel mensonge; le reconforter* pour *le reconfort; au departir* pour *au depart; son naistre*, pour *sa naissance*, etc. Voici un très-hardi emploi de l'infinitif-substantif (t. IV, p. 92) :

*Quel* dire à Dieu ! *quel estrange* laisser
*Ce qui devoit jusques* au trespasser
*Toujours durer!*

L'auteur emploie beaucoup de mot tirés directement du latin, et qui ne sont pas restés dans le fonds de la langue, ou qui ont pris un autre sens. Notons : *celique* (cœlicus), *cognition* (cognitio), *collauder* (collaudare), *communité* (communitas), *crudelité* (crudelitas), *lenité* (lenitas), *dateur* (dator), *salvateur* et *servateur* (salvator, servator), *facteur* et *facture* (signifiant *créateur* et *créature*), *fruition* (jouissance), *hydrie* (aiguière), *liveur* (livor), *regnateur* (regnator), *scintille* (étincelle); *scintiller* nous est seul resté. — *Idée* y a le sens du grec Εἰδέα, Ἰδέα (image).

Enfin le texte offre *làs, helàs*, avec l'accent grave, *l'à* avec l'accent aigu; *dy'je, voy'je*, avec l'apostrophe tenant lieu du trait d'union moderne. — Dans *lais'ray, a'vous*, etc., pour *laisseray, avez-vous*, la suppression d'une syllabe est indiquée par le signe ^ qui rappelle l'accent circonflexe.

Les formes *sur* et *sus*, *a* et *ha* (3º personne du présent de l'indicatif du verbe *avoir*) existent concurremment : *ha* est d'un emploi habituel. — On trouve *ains* et *mais*, *ne* et *ny*, et les trois formes *se*, *si* et *sy*. — *Se* et *si*, conditionnel ; *si* pour *ainsi* ou *cependant* ; et *sy* amplificatif : « *sy* orde et vile. »

*Ell'* et *quell'* s'impriment pour *elle* et *quelle* devant une consonne ; *s'Amour* pour *si Amour* ; *s'elle* pour *si elle* ; *n'ymage* pour *ni ymage*, et même *m'esprit* pour *mon esprit*. Mais dans bien des cas, ainsi que je l'ai dit plus haut (*Notes* du t. I), la typographie ne se règle pas sur les nécessités de la mesure.

# GLOSSAIRE

Abbayer. Aboyer. (Cotgrave.)
Abysme (p. 106, t. Ier), s. féminin. — (V. *notes* du t. IV. p. 295.)
Acointé de. Ayant accointance, commerce avec.
Acouard!, de *couard*. Énervé, pris de lâcheté — « *Acouhardir*, to effeminat, make faint-hearted. » (Cotgrave.)
Acquerre. Acquérir. (V. *Conquerre* et *Requerre*.)
Adonques. Donc, alors. — Ailleurs : *donques*.
Aer. Air. — C'est la forme latine pure.
Ælle et *Æsle*. Aile.
Affermer. Affirmer.
Affin. Parent, allié, de *affinis*. (Cotg.)
Affiner. Attraper, jouer par finesse.
Ahardre. — Cotgrave : « *Aherdre*, to snatch or pluck; to catch, gripe, or take by violence. » — Agripper, empoigner. — Ducange : « *Adhærere*. A quo verbo nostri *Adherdre, aherdre, Aerder, aerdre.* — « Biset le prit et *ahert* par telle manière. » — Raynouard, *Lexiq. rom.* : « *Aderdre, aerdre*; adherir, aherir (que donne aussi Ducange); lat. *adhærere*. » Même sens.
Aïde, pour *aide* et *ayde*. — Rime avec *remide*, pour *remede*. (P. 236, t. IV.)
Aigrette, adj. féminin, diminutif de *aigre*. — *Aigret, ette*. (Cotgrave.)
Ains. Mais. — La forme *mais* figure concurremment.
Alaine, pour *haleine*. — Cotgrave note les trois formes : *alaine, aleine, haleine*.

ALARMES, s. masc. (P. 209, t. 1er.) — (V. Cotgrave.)

ALQUEMIE. Alchimie. — On disait aussi *arquemie* (Palsgr.). De là le jeu de mots de B. des Periers dans ses *Joyeux Devis* : « ... se pourroit plus proprement dire *Art qui mine* ou *Art qui n'est mie.* » (Nouv. XII.)

AMABLE. Aimable. — Ailleurs : *amyable*.

ANGLET, diminutif de *angle*.

ANGOISSEUX. (Palsg.)

ANNUIT. Aujourd'hui. — Devrait s'écrire *anhui* ou *enhui*. *Hui* est la traduction du latin *hodie*. — *Anui* et *enhui*. « to day, this day. » (Cotgrave). — Ce mot fait encore partie de la langue populaire en Normandie. — Dans le passage, t. II, p. 6, il peut signifier spécialement *cette nuit*, sens qu'il a aussi quelquefois.

APERT, e. adj. Ouvert, manifeste. (Cotgrave.)

A PEU PRÈS QUE. Peu s'en faut que.

*Mais c'est sy fort qu'à peu près que perie*
*N'est mon amour.* (T. IV, p. 33.)

APPARENTEMENT. Apparemment.

APPERE. Apparaisse.

« *Il ne parle pas Chrestien*
*Ne nul langage qui* appere (Pathelin),

où *appere* signifie *apparoisse* » (H. Estienne, *Du nouv. lang. franç. italianizé*, p. 612.)

ARDRE. Brûler.

ARRES, pluriel de *ari* ou *ary*. « Ari, pour aride... Devenir *ary* et sec, *arescere*. » (Nicot.)

ARROY. Appareil, train de gens, équipage.

ASSEUR. Sûr, assuré.

ATTRAIRE. Attirer, captiver.

ATTREMPER. Modérer, régir. — « To temper, moderate. » (Cotgrave.) — « Attremper et gouverner, *temperare*. » (Nicot.)

AVEUGLIR. Aveugler. — *Aveuglyr* et *aveugler*. (Palsg.)

AVOYER (S'). S'égarer, s'écarter de sa voie.

BALLER. Danser. — « Ce qu'on appeloit *Danser*, on l'appelle maintenant *Baler*. » (H. Estienne. — *Dial du nouv. lang. franç. italianizé*, p. 410.) — *Baler*. (Cotgrave.)

BARICAVES. Excavations ou vallées profondes. — « Steep valley, or deep path in a wood or valley. » (Cotgr.) —

« La Forest de Merevant est toute en montagnes, vallées et *barycaves*. » (Du Fouilloux, chap. xix de sa *Vénerie*, cit. par Nicot.)

Bas (A) et *d'à bas*. — *En bas* et *d'en bas*. — Ailleurs : *Embas*.
Batture. Action de battre, coups (Cotgr.)
Beneiz et *Beneis*, pour *bénis*, du vieux français *beneir*.
Besongner. Agir.
Besterie. État de bête, d'animal.
Bienheuré. Bienheureux. (Nicot.)
Bienheureté. Bonheur. — (Cotgr.)
Bousie. (P. 77, t. IV.) Fausseté, menterie. Anc. franç. : *boisdie*, *boisie*, félonie, fraude, tromperie, et *boiser*, *boisier*, tromper, violer sa foi, noté encore par Ménage. (V. D. Carpentier, *Gloss. franç.* extrait de Ducange, au mot *Boisdie*; Raynouard, *Lexique romain*, aux mots *bauzar*, *bauzia*, et Ducange, aux mots *bausiare*, *bosiare* et *bausia* : il donne aussi la forme *busia*, qui correspond directement à la forme *bousie* des *Marguerites*.) Comparez en outre l'italien *Bugia*, même sens, d'où l'on peut l'avoir repris par le changement de *g* en *s*, comme dans *courtisan* de *cortigiano*, *fraise* du latin *fragea*, dérivé de *fragum*, etc. — (V. Brachet, *Diction. étymol. de la lang. franç.* aux mots *fraise* et *gesier*.)
Bouter. Mettre, placer. — Terme resté populaire.
Braveger. C'est l'italien *braveggiare*, faire le brave.
Brief. Bref. — D'où *brièvement*, *brièveté*. (V. Gref.)
Bucouble. Attelage de deux. Sens littéral : *couple de bœufs*.
— On écrivait et on prononçait *couble* pour *couple*. —
« *Couble, chevaux de couble*. Paires or couples of horses. » (Cotgr.) — *Bœuf* en vieux français se disait *buef*. Comparez l'italien *bue*, l'espagnol *buey* (autrefois *bue*).

*Le vray lyen, qui rendoit un bucouble* (t. IV, p. 230), doit donc signifier : le lien d'amour, qui *d'un seul* faisait un *être double*, en doublant l'âme de chaque amant de celle de l'être aimé et en l'y enchaînant.

Bureau. De *bure*. — Grosse étoffe de laine.

Çà bas. Ici-bas. — Correspond à Çà hault et Çà sus.
Caut. Avisé, de *cautus*. — Anc. français, *cautèle*. — *Cauteleux* est resté.
Ce a mon. Assurément, certes. — On ignore l'origine de cette locution singulière, qui s'écrit aussi *c'est mon* et

*sçay mon*, et qui a persisté jusque chez Molière. — La caractéristique *mon* figure avec le même sens affirmatif dans les expressions : *Asçavoir mon, Ce fait mon.* (Palsgrave.)

CELIQUE. Céleste.

CERCHER, pour *chercher*, qui est employé aussi dans ce texte, mais moins souvent. — « En provençal *cercar*, en italien *cercare*, en latin *circare* qui est déjà dans Properce avec le sens d'errer çà et là). » (A. Brachet, *Diction. étymol. de la lang. franç.*) — Nicot renvoie de *chercher* à *cercher*.

CHALEMYE, chalumeau. — *Chalemie* et *chalemelle* (Cotg.)

CHAULT (Il ne). Du vieux verbe *chaloir*, avoir souci. — Il n'importe. — « Il ne leur chault. » Ils n'ont souci.

CHERRONT, choiront. Le verbe choir, anciennement *cheoir*, donnait au futur *je cherrai*, employé encore au XVII$^e$ siècle. « Tirez la chevillette, la bobinette *cherra*. » (Perrault, *le Petit Chaperon rouge.*)

CHEUTE, féminin de *cheut* ou *cheu*, chu, du verbe *cheoir*. — D'où le substantif *chute*, qui est resté. — Dans l'expression proverbiale *chape-chute* (V. La Fontaine, liv. IV, fab. 16) :

*Messer loup attendoit chape-chute à la porte,*

le mot *chute* subsiste comme adjectif.

CHEVESTRE. Courroie, licou (d'où le verbe *enchevêtrer*). — Au fig. : chaîne, joug.

CHOQUEUR. « Ceux qui en moquant sont choqueurs. »

CIL. Celui.

CLAMER. Crier, proclamer.

CLOUZ, pour *clos*, adj.

CŒUVRE, pour *couvre*.

COGNITION. Connaissance.

COINT. Avenant, mignon. — « Compt, neat, fine. » (Cotg.) — « Coint et joli. » (Nicot.)

COINTOYER (Se). De *coint*. — S'atourner, se faire beau.

COLE. (P. 87, t. IV.)

« Ne leurs courrous, despitz ou chaulde cole. »

C'est le grec χολή, bile, colère. — *Chaulde cole* (Palsg.)

COLLAUDER. Vanter, célébrer.

COMBIEN QUE. Bien que.

COMMUNITÉ. Communauté.

CONDIGNE. Très-digne.

CONFERMER. Confirmer.

Conjuraison. Conjuration. — C'est l'ancienne désinence et la meilleure.
Conquerre. Conquérir. (V. *Acquerre* et *requerre*.)
Consentir (Se), pour *consentir*.
Contregarder, préserver.
Corner. Jouer de la corne ou du cor.
Courtine. « Courtines vertes », dans le sens de *tapis de verdure, couvert des bois*.
Croye, pour *croix*, à la rime.
Crucifix, adj. Crucifié.
Crudelité. Cruauté.
Crue (*La bailler*). En conter, vouloir en faire accroire.
Cure. Soin, souci.
Cuyder. Croire, imaginer. — Le *cuyder* signifie les folles illusions, l'élan présomptueux de l'imagination.

Damnement. Damnation.
Dateur. Donneur, donateur.
Delict. Délice, délectation. — Comparer l'anglais *delight*.
Delivre. Libre, délivré.
Dens, dedens. Dans, dedans. — *Dens* pour *d'ens*. — En latin, *intus*, d'où le vieux français *ens*.
Depart. Séparation, division.
Departement. — Departie. Départ.
Departir et *se departir*. Partir.
Depescher. Débarrasser.
Desbriser. Briser, rompre ou se rompre.
Desconfort. Désagrément, mécompte.
Descongnoistre. Cesser de connaître, méconnaître. (Cotg.)
Despendre. Dépenser. (Cotg.)
Despit, adj. Dépité. — Despiteux.
Desprendre. Dégager, détacher. (Cotg.)
Despris. Mépris, dédain.— Despriser. Mépriser, déprécier.
Desrocher. Arracher de sa base, renverser. — « Violently to pull, breake, throw down. » (Cotg.)
Desroy. Ailleurs *desarroy*. (Cotg.)
Desservir. Mériter. — L'anglais a conservé *to deserve*.
Dessiré. Déchiré.— *Dessiré* et *desciré*. (V. *Balade joyeuse des Taverniers*, attrib. à Villon.)
Destourber. Brouiller, troubler. (Cotg.) — Du latin *deturbare* ou *disturbare*. Comparer l'anglais : *to disturb*.
Deult (S'en). Du verbe *se douloir*. — Subjonctif : *deulle*. De là le mot *deuil*, anciennement *deul*. (V. *Douloir*.)

Devis. Conte, récit.— Intention, jugement. « A leur devis, » c'est-à-dire *à leur gré, à leur sens*.
Dextre. Droite, main droite.
Dieugard, formule de salut et d'accueil. — *Adieu* se disait au départ, *Dieugard* au retour.
Diffame. Honte.
Diffinir. Définir, expliquer.
Difformé. Déformé, dénaturé.
Dilection. Amour, affection.
Diré (Je), pour : « Je *dirai*, » à la rime. (P. 8, t. II.)
Diversoire. Du latin *diversorium*, hôtellerie, logis.
Diverti, divertir. Détourné, détourner.
Diverty. Égaré.
Doint. 3ᵉ pers. sing. du présent du subj. du verbe *donner*.
Double. Double, doublon, pièce de monnaie.
Douloir (Se) et douloir. De *dolere*, souffrir, être en peine. — On disait aussi *doloir*.
Doutance. Doute.
Doute, subst. fém. (P. 126, t. Iᵉʳ, et p. 233, t. IV). — (V. Palsg. et Cotg.)
Douté. Doté. (P. 155, t. IV.)
Douté, pour *redouté*. (P. 17, t. IV.)
Douteux. Qui doute.
Doy, pour *doigt*, à la rime.
Drapeau. Drap. — Drapelet. Diminutif du précédent.
Duire. Convenir. — « *Cela me duit*. That is good, or.... commodious unto me. » (Cotg.)
Duysant et *duisant*. Convenable, séant, qui plaît.
Duysible. Profitable. (Cotg.)

Effrayable. Effroyable.
Embler. Emporter, enlever, dérober. (Cotg.) — De là l'expression *d'emblée*, du premier coup.
Embouer. Couvrir de boue, embourber.
Emperler. Dans le *Sonnet* de Maurice Scève, en tête de la *Suyte des Marguerites*. — Noté par Cotgrave.
Empris. Pris, saisi.
Encliné. Enclin.
Encontre. Contre.
Enferme. Infirme, débile, malade. (Cotg.)
Engarder. Garder, préserver.
Ennuy, subst. fém « En telle ennuy. » (P. 223, t. IV.)
Enseigneur. Qui enseigne.

Entendis. Pendant ce temps.— Entendis que. Tandis que.
Entendre. De *intendere*, s'évertuer à... « To study, mind, heed, care for, look to. » (Cotg.)
Ententif. Attentif. (Cotg.)
Envitaillement. Approvisionnement.
Erre (*Grand'*). Grand train, fort vite. — *Erre* avait le sens d'*allure*. (Cotg.)
Erreur, s. masc. — « Sans *nul* erreur. » (P. 234, t. IV.)
Es. *Aux* ou *en les*... On dit encore *docteur ès lettres*, etc.
Eschelle (Se). S'escalade, du vieux verbe *eschelier*, escalader. (Cotg.)
Eslongner. Dans le sens de *être loin de*, et non dans celui d'*éloigner*, *écarter*.
Esme. Pensée, intention, visée. — « Purpose, intention, determination. » (Cotg.) — Comparez l'anglais *aim* (V. Palsgrave, aux mots *esme*, français, et *awme*, vieil anglais.) — L'expression *faillir à son esme* se trouve chez Villon (*Grand Testament*). — « J'ay failli à mon esme, *id est*, à mon intention. » (Nicot.)
Esmerveiller Admirer.
Espace, subst. féminin. (Palsg. et Nicot.)
Espes. Épais. — Cotg. : *espez*.
Esserde (Que je l'). Que je le précipite. (P. 112, t. II.)

*Ou dens la mer je ne l'esserde.*

Ne figure pas dans les vocabulaires. — *Aherdre* étant venu de *adhærere* (v. ce mot chez Ducange) par la forme *adher'd're*, comme *tordre* de *torquere* (torq're) et *ardre*, de *ardere* (où l'e de la finale est long), on peut, *à fortiori*, admettre la forme *esserdre* de *exsero, exserere*, par le changement de *xs* en *ss*, et l'intercalation d'un *d* euphonique : *esser'd're*, après la chute de l'*e* bref dans la syllabe finale *ere*. (V. Brachet, *Dict. étym. Introd.*, p. xcvii.) Comparez le grec ἐξείρω, ἐξαίρω. — Ce verbe pourrait encore venir de *insero*, mettre dans, faire pénétrer, par extension ici, enfoncer, plonger (V. Raynouard, *Lexiq. rom.* au mot *Esserrar*, pour *Enserrar*, enclore, etc.)
Estable, adj. — *Stable*, de *stabilis*, comme le substantif *étable* (anc *estable*), qui est resté, s'est formé de *stabulum*. — (V. D. Carpentier.)
Estouper Boucher, clore, arrêter (Cotg.)
Estranger et *s'estranger*, verbe. — Éloigner, s'éloigner. (Cotg.)

EXEMPLAIRE. Exemple, modèle. — EXEMPLE, s. féminin. — (V. Regnier, satire X, v. 315.)

*Dire que ceste exemple est fort mal assortie.*

FACTEUR. Créateur.
FACTURE. Ce qui a été fait, œuvre, créature.
FÆRIE. Enchantement, sorcellerie.
FAILLE (Sans). — Sans faute. (Cotg.)
FAINTIS. Trompeur, plein de feinte. (V. *feintis.*) — Villon (*Grand Testament*) :

> Ryme, raille, cymballe, luttes,
> Comme folz, faintis, eshontez.

FAISIBLE. Faisable (Cotg.)
FALLACE. Tromperie. — *Fallacieux* est resté.
FAME. Renommée, du latin *fama*.
FANTASIE. Fantaisie. — Mot excellent, selon H. Estienne, dans le sens de *verve* et de *caprice*. — Ailleurs : *phantasie*, moins souvent.
FAULT. (P. 170, t IV.) « Ce qu'il y fault » 3ᵉ pers. du présent de l'indicatif du verbe faillir, dans le sens de *manquer, faire défaut*. — De là le substantif *faute*.
FEIN. Foin, du latin *fœnum*. (Cotg.)
FEINDRE (Se). Hésiter, rechigner, s'épargner à... (Cotg.) — Ducange : « *Fingere se*, levi seu molli brachio agere, labori parcere. — *Faindre*, se ménager. » — De là le vieux mot *feignant* ou *faignant*, resté populaire, en Normandie notamment — V. Littré, au mot *Feignant* : « On le prend d'ordinaire pour une corruption de *fainéant*; mais Génin a soutenu que c'est le participe du v. *feindre* ou *se feindre* ayant eu le sens d'hésiter, reculer à... Cette manière de voir est appuyée par *feintise*, au sens de fainéantise. »
FEINTIS, adjectif. « *Feintise* ruse » (p. 253, t. IV), c'est-à-dire ruse trompeuse, pleine de feinte. — (V. *Faintis*.)
FEINTISE. Action de feindre, tromperie. — Ailleurs : *faintise*.
FIANCE. Confiance.
FIENS. Fiente, ordure. (Cotg.) — Encore usité en Normandie.
FINÉ, FINER. Fini, finir. (Cotg.)
FLAGEOL. Il n'est resté que le diminutif *flageolet*.
FLAMBE. Flamme.
FOLATRE. Fou, folle.

Fonde. Fronde. — C'est le latin *funda*.
Fontal. Du latin *fons, tis*; source, fontaine.
Forcenant. Employé dans le sens où nous employons *forcené*.— Italien : *forsennato*.— « Chien forcenant » (Cotg.)
Forcenerie. Furie, rage folle.
Forcluz. Exclu.
Forens (Peuples), pour *forains*, étrangers. C'est-à-dire les *Gentils*.
Forment « Exceedingly, greatly, mightly, very much. *Forment malade*. » (Cotg.) — « Morte *forment* » (p. 18, t. IV), c'est-à-dire formellement, absolument.
Fors. Hormis.
Fort (Au) En somme, tout compte fait. — « Au fort aller. » (Cotg.)
Fouyr. Fuir. — (V. *Balade pour ung prisonnier*, attribuée à Villon )
Fruitage. De *fruit*, comme *laitage*, de *lait*.
Fruition. Jouissance.
Fumière. Du latin *fumus*, fumée.
Fuytif Fugitif (Cotg.)
Gergonner. De *gergon*, jargon, langage.
Gesir. Être couché, *jacere*.
Gorgias, adj. — Elégant, paré, de belle mine.
Gref, pour *grief*, dam. détriment. — C'est la transformation primitive du latin *gravis*.
Guerdonner. Récompenser, gratifier.
Guide, s. fém. — (V. Regnier, satire XIII :
   Elle lit sainct Bernard, la Guide des Pecheurs.
La Fontaine. l. VII, fab. 17, etc.)
Guymple. Guimpe (Palsg. et Cotg.) — De l'anc. haut allemand *Wimpal*.
Guynier. Cerisier. — De *guyne*. — On dit encore une *guigne* aujourd'hui. — *Guisner*. (Cotg.)
Hayant Haïssant. — De *hayr* ou *hayer*. (Cotg.) — « Nous hayons » (Palsg.)
Hantise. De *hanter*, fréquentation
Hau, interjection pour appeler (Cotg ), comme *ho*.
Hautain. Haut. — Le « grand Dieu *hautain* », c'est le Dieu *très-haut* ».
Hay. Cri d'exhortation. — On disait : *Hay, avant !*
Herbis. Herbages. (Cotg.)
Hersoir. Hier soir.

Hongner. Grommeler, quereller. — « *Hoigner*. To grumble, mutter, murmure, repine. » (Cot.)

Honnys. Draps (P. 100, t. II.) — Draps de rebut.

Hydrie. Aiguière.

Idée (p. 7, t. 1er). Image. — C'est le sens du grec Εἰδέα, Ἰδέα.

Image (p. 35, t. II), s. masculin. (V. le *Cymbalum mundi* de B. des Periers, Dial. I.)

Imperer. Commander, *imperare*

Impiteux. Impitoyable.

Importable. Insupportable, intolérable. (Cotg.)

Inhabitant. Qui habite dans, inhérent.

Incomprenable Incompréhensible.

Incredible. Incroyable (Cotg.)

Inespuisible. Inépuisable.

Innominable Indicible, qu'on ne doit pas nommer.

Insenser, v. n. Déraisonner.

Instaurateur Régénérateur, réparateur.

Ire. Colère

Issir, sortir. — *Issant* et *Yssant*.

Jetton, rejeton de plante, scion. — « *Jecton*. A shute, syens, twig, sprig. » (Cotg.)

Jouxte De *juxta*. — Selon, près de...

Labrusque. Lambruche, vigne folle. — Directement du latin *labrusca*.

Ladresse. Féminin de *ladre*, lépreux.

Laidure. Ailleurs : *laideur*.

Lame. Pierre tombale, tombe.

Langeon, pour *lange*.

Larmoyable Digne de larmes, lamentable.

Leal. Loyal. (V. *Poésies* attrib. à Villon.)

Lenité. Douceur — Du latin *lenitas*.

Lerme, pour *larme*. — Se trouve chez Villon.

Liesse. Joie.

Limite, subst. masc. (p. 42, t. Ier.)

Liveur. Pâleur, du latin *livor*.

Loz. Renom, gloire, louange.

Luc Luth. (Cotg.)

Macher. Meurtrir. — V. Macheure. Meurtrissure, contusion. (D. Carpentier.)

Main (*Soir et*). Soir et matin. — De *mane*. — « Soirs et mains. » (Cotg.)

Mains, pour *moins* (p. 289, t. II.)

> O Dieu de là hault,
> A ces inhumains
> N'en faites pas mains.

Dans le *Monologue du Franc-Archier de Bagnolet*, attribué à Villon : *meins*. — En Normandie, on dit encore : « Cet enfant est bien *mendre* », c'est-à-dire chétif, pour *moindre*.

Mais que. Pourvu que.

Malfait. Méfait. — D'où *malfaiteur*.

Malheureuseté. Malheur. — Cotg. : *malheureté*.

Martyrer. Martyriser.

Meffaire. Mal agir. (Cotg.)

Mercher. Marquer. — Dans notre ancienne langue, les permutations sont fréquentes entre *a* et *e*, *ch* et *q*, *qu*.

Mercier. Marchand.

Meschef. Malheur, accident.

Mesgnie. Compagnie, train de gens. maisonnée. — Cotg écrit aussi *meignie*, Palsg. : *maynie*. (V. La Fontaine, *Conte des Aveux indiscrets*.)

> . . . . *Chacun au bruit accourt,*
> *Les pere et mere, et toute la megnie.*

Miner. Faire des mines. — P. 176, t. IV :

> *Quelques mines que nous minons.*

Mirable. Admirable, étonnant.

Monstre, subst. fém. Spectacle, exposition. — On dit encore : *faire montre*.

Montjoye. — Ce mot, qui désignait des monticules de pierre ou de terre élevés pour consacrer le souvenir d'une bataille ou de quelque autre événement considérable (v. Cotgrave), s'est appliqué ensuite aux croix indicatives des chemins, dont on les surmontait. C'est le sens du vers de Marguerite (*Chans. spirit.*) :

> *Sa Croix nous y sert de montjoye.*

Ailleurs, et jusqu'au XVIIe siècle, on l'emploie dans le sens d'abondance, affluence, masse de choses, qu'on trouve chez Marguerite, ainsi que la signification de *victoire* ou *triomphe*.

Moult. Beaucoup.

Moyen. Intermédiaire, ou *modération, mesure*. — « Sans moyen », c'est-à-dire *sans mesure*. (P. 9, t. IV.)

MUER (Se). Se changer, se transformer.
MUNDE. Pur. — *Munder*, purifier.
MUSART. Qui muse, qui attermoie, qui n'a souci de rien.
MUSSER. Se cacher.
MIE et MYE. Pas, point.

NE. Ni.
NICHILITÉ. Néant, de *nichil* pour *nihil*. — *Nichil-au-dos*. (Cotg.)
NONCHALOIR N'avoir souci, négliger. — V. CHAULT (il ne).
NULLY. Nul. — « *Nulluy* and *nully*, as *nul*. » (Cotg.)

ŒUVRER. Ouvrer, faire.
ONC, *oncques*, *onques* Quelquefois
OPPRESSE. Oppression.
OPPUGNÉ. Combattu.
ORD. Sale.
ORES. Maintenant.
ORRA. Ouïra. — De l'ancien verbe *oïr*, entendre.
OUBLIANCE. Oubli.
OULTRECUIDÉ. Présomptueux. — *Outrecuidant* est resté dans le même sens.

PACTION. Contrat, accord. (Cotg.)
PALUZ. Marais. — *Palu*. (Cotg.)
PAOUR. Peur.
PARAVANT. Auparavant.
PARDURABLE. Durable à jamais.
PARFIN (A la). *A la fin*, avec plus de force dans l'expression.
PARQUOY. Pourquoi, c'est pourquoi.
PARTI. Partagé, loti. — PARTIR. Partager, répartir.
PASSIBLE. Sensible, pénible, douloureux.
PECULIER. De *peculiaris*. — Particulier.
PENIBLE. Qui se met en peine.
PENEUX. Peiné, en peine, en piteux état. — On disait : la *semaine peneuse* pour la *semaine de la Passion*. (Cotg.)
PENSEMENT. Pensée. (Cotg.)
PERRIERE. « Latomie, carrière. » (Cotg.) Encore usité dans quelques provinces.
PERTUYS. Ouverture, porte.
PIQUEUR. Piqûre.
PIS. « Du *pis* jusqu'à la simette. » C'est-à-dire de fond en comble. — *Pis* (de *pectus*), au moyen âge, signifiait *poitrine*. On prêtait serment, *la main au pis*. Il faudrait donc

traduire littéralement : *Du giron jusqu'à la tête.*— T. III
des *Marguerites* (*Chanson spirituelle*) :

> *Christ a fait trembler l'Enfer,*
> *Il a bridé Lucifer*
> *D'une eternelle gourmette,*
> *Du pis jusqu'à la simette.*

(V. *Simette*, ci-après.)
Piteux. Qui a pitié. (Cotg.)
Placable. Que l'on peut apaiser.
Plaings et *plaintz*. Plaintes. — *Plaingt*. (Palsg.)
Planier, e, pour *plénier*, e. — « Court *planiere*. » (Cotg.)
Planté (A). En abondance. — L'anglais a conservé le mot *plenty*.
Poindre. « Si chair nous poingt. » Nous avons conservé l'adjectif verbal *poignant*.
Poindre à... Exciter à...
Poise. Pèse.— En voici un exemple dans le quatrain « que feit Villon quand il fut jugé à mourir » :

> *Je suis François, dont ce me poise,*
> *Né de Paris emprès Ponthoise;*
> *Or d'une corde d'une toise*
> *Sçaura mon col que mon cul poise.*

Poison, s. fém. — Le peuple l'emploie encore ainsi.
Pollu. Souillé, pollué.
Pource que. Parce que.
Prærie. Prairie. — Prée. Pré.
Preceller. L'emporter, exceller.
Prefix. Fixé d'avance, prédestiné, assigné. (Cotg.)
Premier que. Avant que.
Presse. Poursuite. — Foule.
Pretente. *Prætentum*, but, dessein, ce à quoi l'on prétend. (Cotg.)
Prins. Pris, du latin *prensus*.
Prou. Assez. — Beaucoup.
Pugnir. Punir.
Purité. Pureté.
Puyr. Puer. (Cotg.)

Quant et quant. En même temps, tout de suite.
Queste. Recherche, poursuite.
Quis. Cherché, de *quérir*.
Quitte de. Sans.

RACUEIL. Accueil. (V. *recueil*.)

R'ADDRESSE, substantif. — Refuge, recours.

RAINSEAU, rameau. — « *Raimceau*, qu'aucuns escrivent par *n*, *Rainceau*. » (Nicot.) — De *ramicellus*, qui a donné *raincel*. — *Rinceau* est resté comme terme d'architecture.

RAMENTEVOIR. Rappeler, remémorer. (Cotg.)

RANC et *reng*. Rang.

RAYZ. *Ray*. (Cotg.) — On dit encore les *rais*, pour les *rayons* du soleil.

REBAILLER. Rendre.

RECORD et RECORDS. Récit, déclaration, décret. (V. Cotg.)

RECORDER et RECORDER (Se). Rappeler, se rappeler.

RECORS. Ayant mémoire. (Cotg.)

RECOURSE. Recours, secours. (Cotg.)

RECOUVERT, pour *recouvré*. — Faute de langue, selon H. Estienne. « C'est une faute assez aisée à cognoistre à ceux qui ne parlent point à l'avanture, car j'ay *recouvré* ce qui estet perdu, et j'ay *recouvert* ce qui estet decouvert. » (P. 129, *Dial. du nouv. lang. franç. italianizé*.)

RECUEIL, pour *accueil* et *bienvenue*. — (Cotg.) *Welcome*.

REFECTIONNER. Repaître, nourrir.

REGNATEUR. Qui règne. — « A reigner. » (Cotg.)

REMIDE, pour *remede*, à la rime. (Voir *aide*.)

RENOUVER. Renouveler. de *renovare* directement.

REPAIRE. Demeure, lieu d'élection. — Nous est resté dans un sens défavorable.

REQUERRE, infinitif, comme *acquerre* et *conquerre*. — (Cotg.) « Pray or sue unto », c'est-à-dire *recourir à*... par des prières.

RESCOUX. « Des dangers nous *rescoux* », c'est-à-dire : Délivre-nous des dangers. — « I rescue one out of daunger. Je *rescous*, rescourre. » (Palgr.)

RESTE, subst. fém., p. 273, t. IV. — (V. Cotg.)

RETRAIRE. Retirer.

REVERENTIAL. Plein de révérence, de respect.

RICAMEURE, pour *recamure*, broderie. — « *Recamer*, to imbroder. » (Cotg.) — On nomme *recamé* un « brocart dont la broderie est tissée sur l'étoffe et forme relief. » (A. Souviron : *Diction. des termes techniques*.)

RIENS. Rien, au singulier. — « Ton *Riens*. » (Comedie

*du Desert.*) — « *Riens* plus blanc. » (Palsg.) — Signifie aussi *nullement* :

*De moy qui riens à luy ne suis pareille.*

(*Marg. de la Marg.*, p. 265, t. IV.)

Ririe. Action de rire, risée.
Robber. Prendre, dérober.
Rouer. Tourner. (Cotg.)

Salvateur. Sauveur. — Salvation, salut.
Sapience. Sagesse. — Sapient. Sage.
Sarbatane, pour *sarbacane*.
Sauvement. Salut.
Saye, subst. masc. — Sayon. « Mon saye. » (V. Cotg.)
Scintille. Étincelle.
Se. *Si*, conditionnel et dubitatif.
Seinture, pour *ceinture*. — Palsg. : *saincture*.
Sejour. Repos, loisir. — Sejour (Sans). Sans retard.
Semblance. Ressemblance, apparence.
Sentement. Sentiment.
Serement, pour *serment*. — Ancien français : *sairement*.
Serre (En). En gêne.
Servateur. Comme *salvateur*, sauveur.
Seuffre, pour *souffre* : « Qui qu'en seuffre » (p. 31, t. IV).
Si, pris substantivement, dans le sens de *condition*. — L'expression « sans nul *si* » revient souvent. — « Par tel *si* que », c'est-à-dire *à condition que*...
Siller, pour *ciller*, cligner.
Simette, pour *cimette*, de *cime*, comme *cimier*. — *Sime* et *simme*, pour *cime*. (Cotg.) « The top, or tuff on the top of a tree; the cop, ridge or height of a mountain. » — Il note encore *cimet* dans le même sens.
Simois,

*Dans leurs langeons et drappeaux et* simois.

Il s'agit des Innocents massacrés au berceau : les mots *langeons* et *drappeaux*, c'est-à-dire *langes* et *draps*, semblent appeler par analogie un troisième terme indiquant aussi une sorte de couverture ou de vêture. — Je n'ai rencontré ce mot dans aucun vocabulaire, mais on trouve :
1º chez Raynouard, *Lexiq. roman*, le mot *Simoyssha*, *simossa*, dans le sens de « frange, bordure, bourre »;
2º chez Ducange : « *Simosa*, vestis species... duæ *simosæ* de ceda blanca.* » Et « *Sismusinus*, vestis certis pellibus

munita. » Le mot *sismusinus* donne en français, — étant admis le rapprochement de l'*u* et de l'*i* par la chute de l's intermédiaire dans *usinus*, le changement d'*ui* en *oi*, et la chute de l'*u* de la terminaison latine, d'après la règle commune. — *sismoins*, d'où *sismois*, *simois*. (V. Brachet, *Gram. hist. de la Lang. franç.*, p. 284, et *Diction. étymologiq.* aux mots *angoisse*, de *angustia*, et *foison*, *moisson*, *boisseau*, etc.)

Souffrette. Souffrance, pénurie (Cotg.)

Soulacer. Récréer. « Je *soulace*, princ. conj. — Ceste melodie me soulace beaucoup. » (Palsg.) — *Soulacier*, *solacier*, dans le même sens et dans celui de *consoler*, *soulager*, sont notés par Nicot, Ménage, et employés encore par La Fontaine.

Soulas. Soulagement, aise, plaisir. — D'où *soulasser*. (Cotg.)

Souloir. Avoir coutume. de *solere*.

Souspeçon. Forme habituelle du mot *soupçon* dans les *Marguerites*, et plus rapprochée du latin *suspicio*.

Souventesfois. Souvent.

Suffisance. Ce qui suffit.

Supernel. Supérieur. (Cotg.)

Suppost, pour *compost*. — Composé, assemblage.

Suyvir. Suivre.

Sy. *Si* amplificatif : « *Sy* tresbien... »

Syme, pour *cime*, tête.

Tenebre, au singulier (p. 91, t. Ier.)

Tenser, pour *tancer*. — V. n., murmurer. — V. act. admonester.

Terrien Terrestre.

Tieux, Tieulx. Pluriel de *tel*. (Palsg.)

Tollir. Enlever, de *tollere*.

Touret de nés. Espèce de demi-masque ou *loup*. — « Cache-nez, cache-museau. » (Cotg.)

Tousjoursmais (A). A jamais

Trac. Manière d'être, train, allure. (Cotg.)

Trespasser. Franchir.

Trestous. Tous. — On dit encore en Normandie : *tertous*.

Tromper. Jouer de la trompe.

Trop mieux, trop plus que. Formule amplificative.

Union (p. 5, t. Ier). — C'est le latin *unio*, perle.

# GLOSSAIRE.

Verboyer. Parler. — Du latin *verbum*.

Verd. Les yeux *verds*. — « Œil verd. *A grey eye.* » (Cotg.)

Verve. *Caprice*, humeur fantasque. — H. Estienne rejette l'italien *caprice* (capriccio), et recommande l'usage « du mot *verve*, qui est ancien, et se trouve aussi en la farce de Pathelin ». (P. 114-115, *Dial. du nouv. lang. fr. italianizé.*)

Vistement. Vite.

Vitupere. Blâme. — Encore employé par Malherbe.

Voir, vrai (Villon, *Grand Testament*). — Cotgrave le note comme substantif dans le sens de *vérité*.

Voyray (Je). Voirra (Il). Je verrai, il verra. — On dit encore ainsi en Normandie.

Voulsisse, *vousissiez*. Voulusse, voulussiez. — Marguerite emploie *voulusse* et *voulsisse* concurremment. (V. Palsg. et Cotg.)

# TABLE DES MATIÈRES

CONTENUES DANS LE QUATRIÈME VOLUME.

|  | Pages. |
|---|---|
| Les Quatre Dames et les Quatre Gentilzhommes | 1 |
| Comedie (deux filles, deux mariées, la vieille, le vieillard et les quatre hommes) | 102 |
| Farce de Trop, Prou, Peu, Moins | 139 |
| La Coche | 203 |
| L'Umbre | 261 |
| La Mort et Resurrection d'Amour | 267 |
| Chanson faite à une Dame | 271 |
| Les Adieu des Dames de chez la Royne de Navarre | 276 |
| Enigmes | 282 |
| Notes | 285 |
| Glossaire | 297 |

*Imprimé par* D. JOUAUST

POUR LA COLLECTION

DU CABINET DU BIBLIOPHILE

JUILLET 1873

www.ingramcontent.com/pod-product-compliance
Lightning Source LLC
Chambersburg PA
CBHW060401170426
43199CB00013B/1959